AUSSCHNEIDEBUCH
Ab 5 Jahre

Schnitt

Einfügen

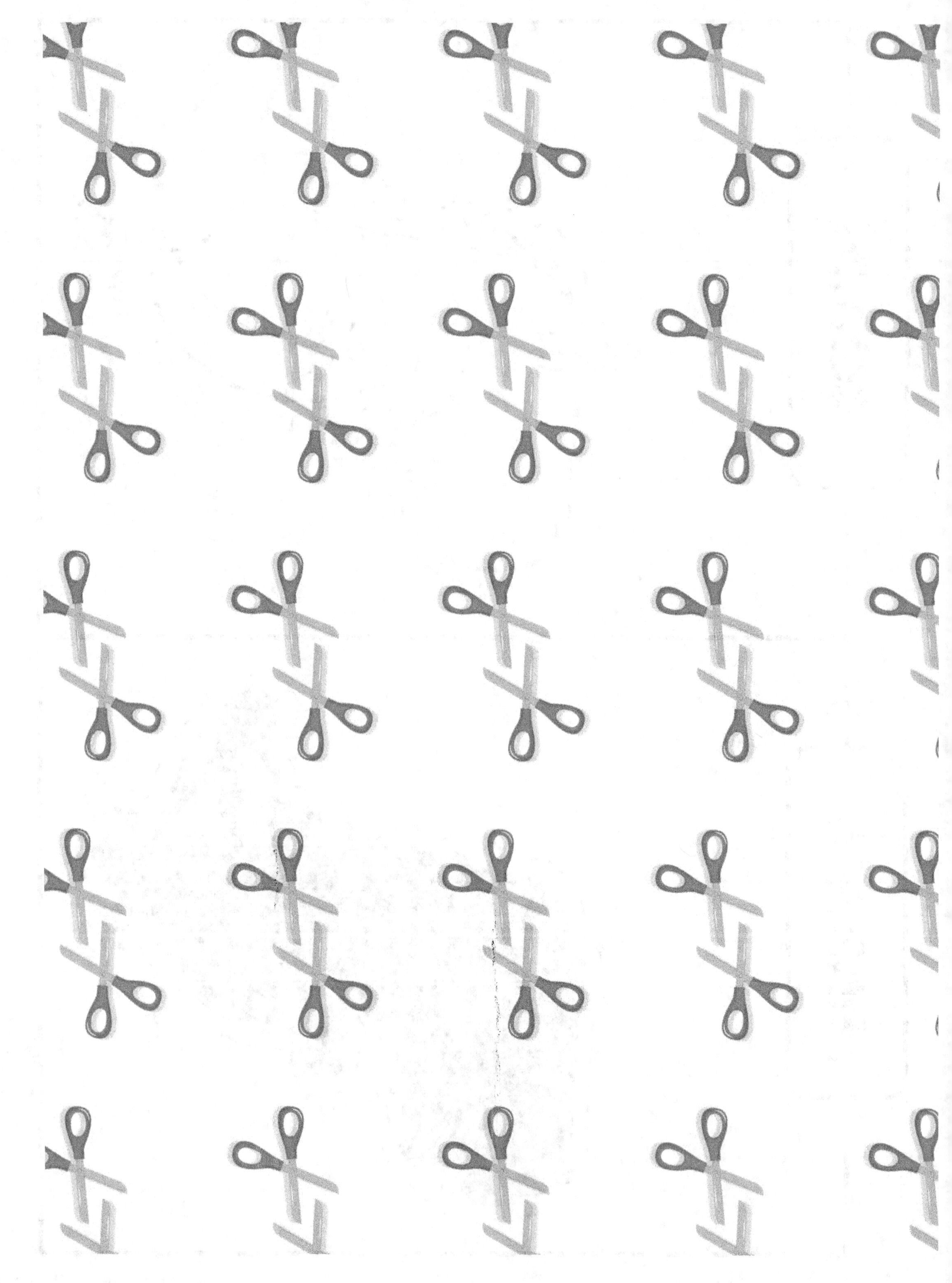

Schnitt

Einfügen

Schnitt

Einfügen

Schnitt

Einfügen

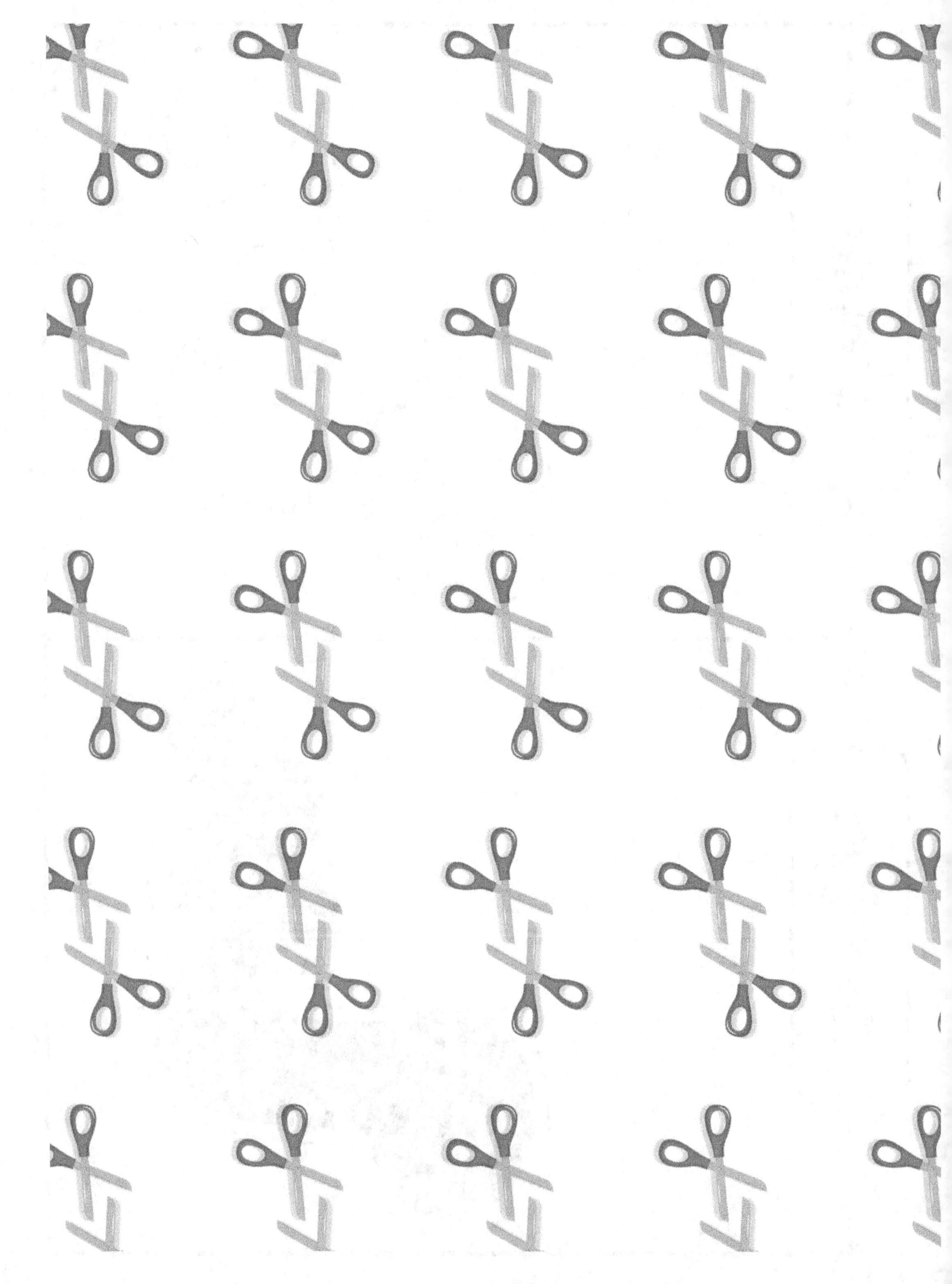

Schnitt

Einfügen

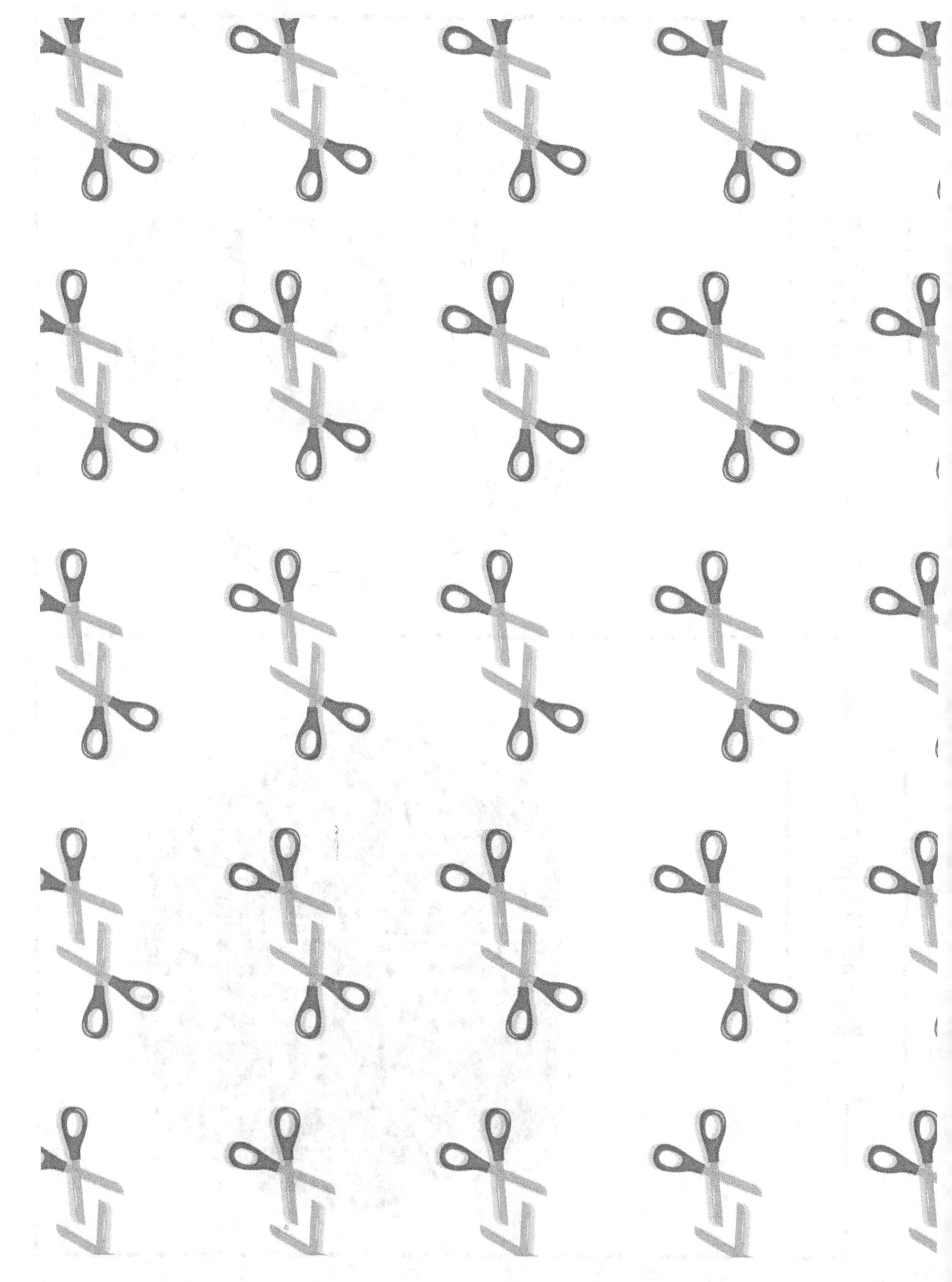

Schnitt
Einfügen

Schnitt

Einfügen

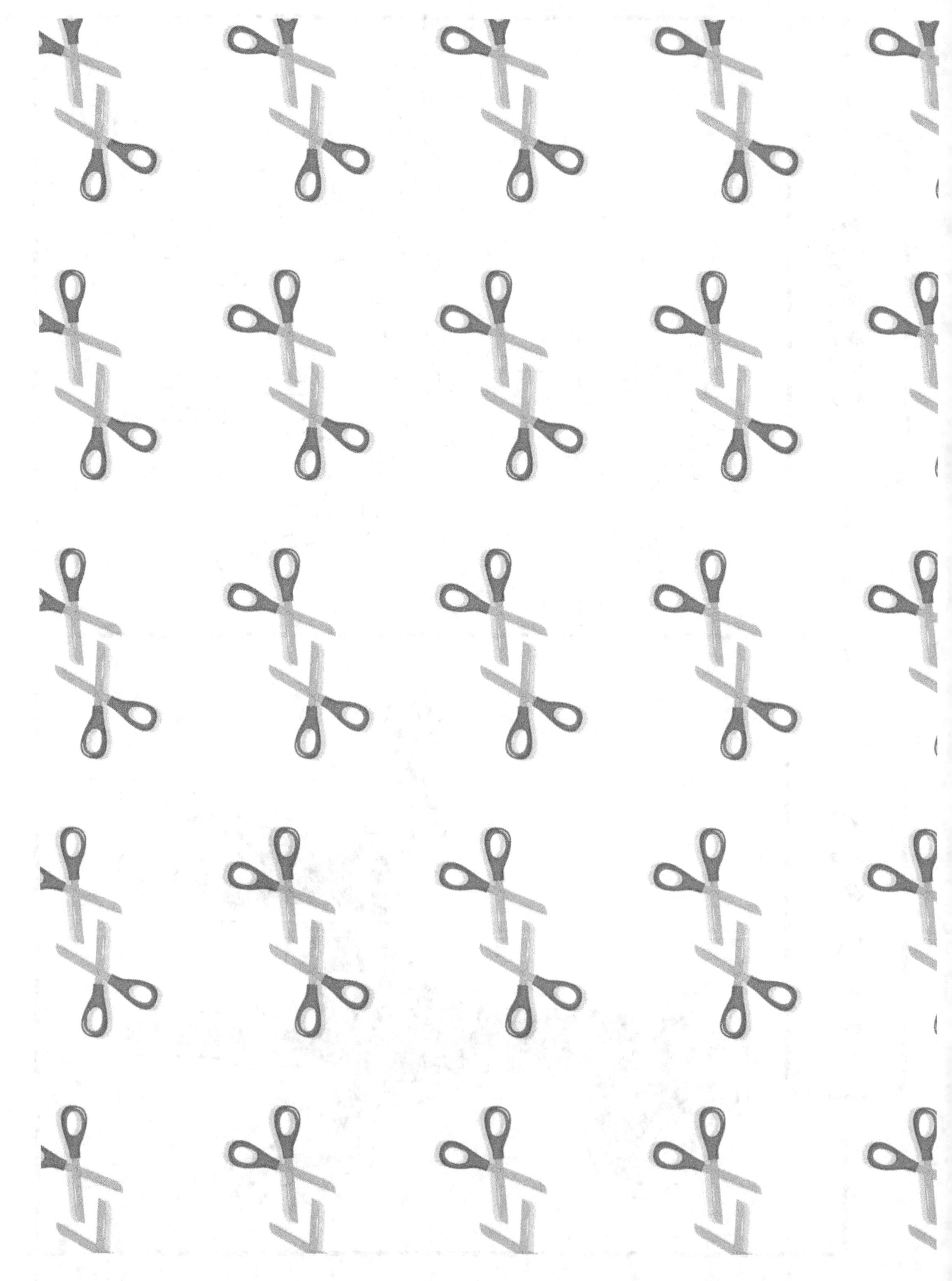

Schnitt

Einfütt

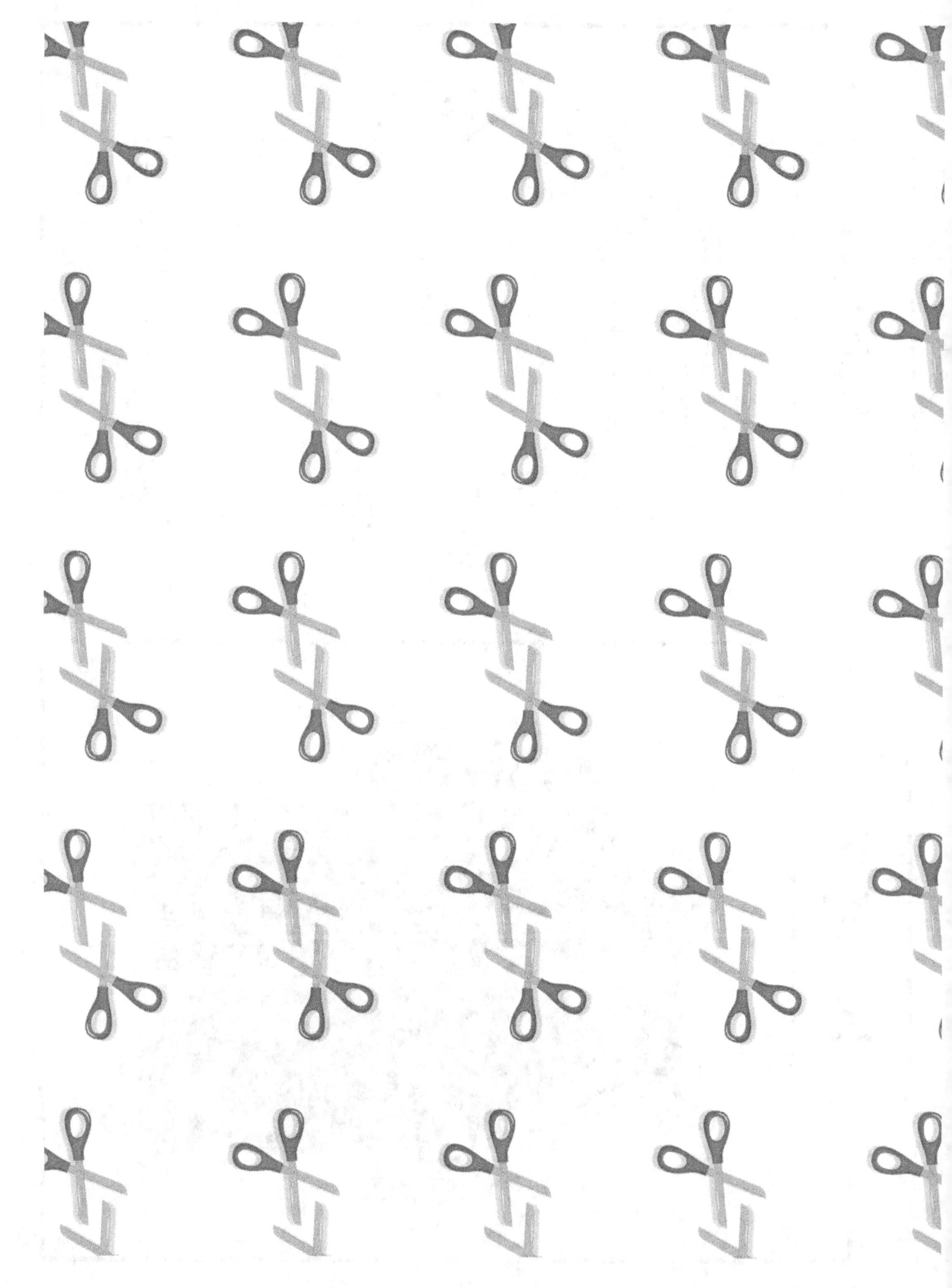

Einfügen

Schnitt

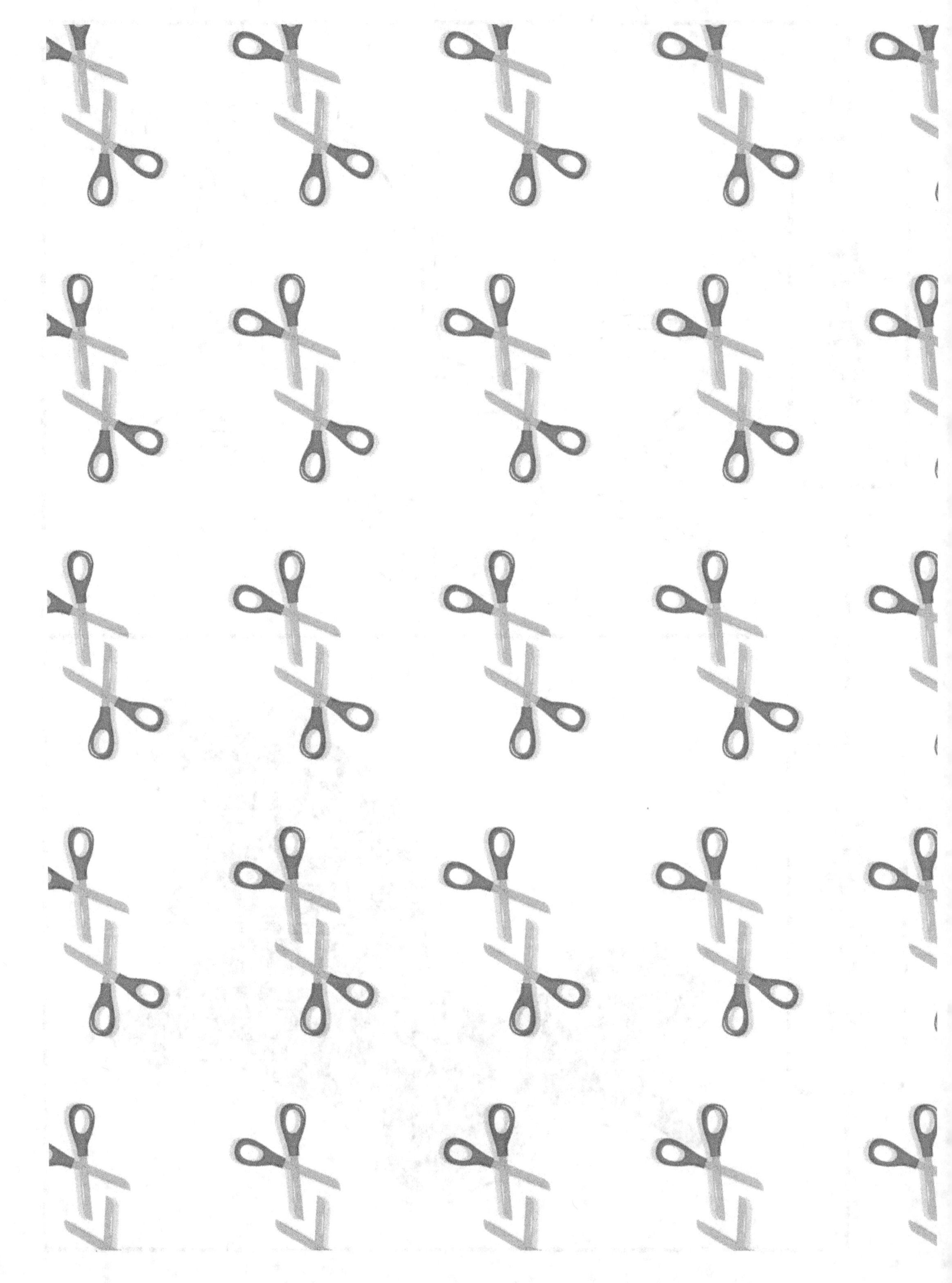

Schnitt

Einfügen

Schnitt

Einfügen

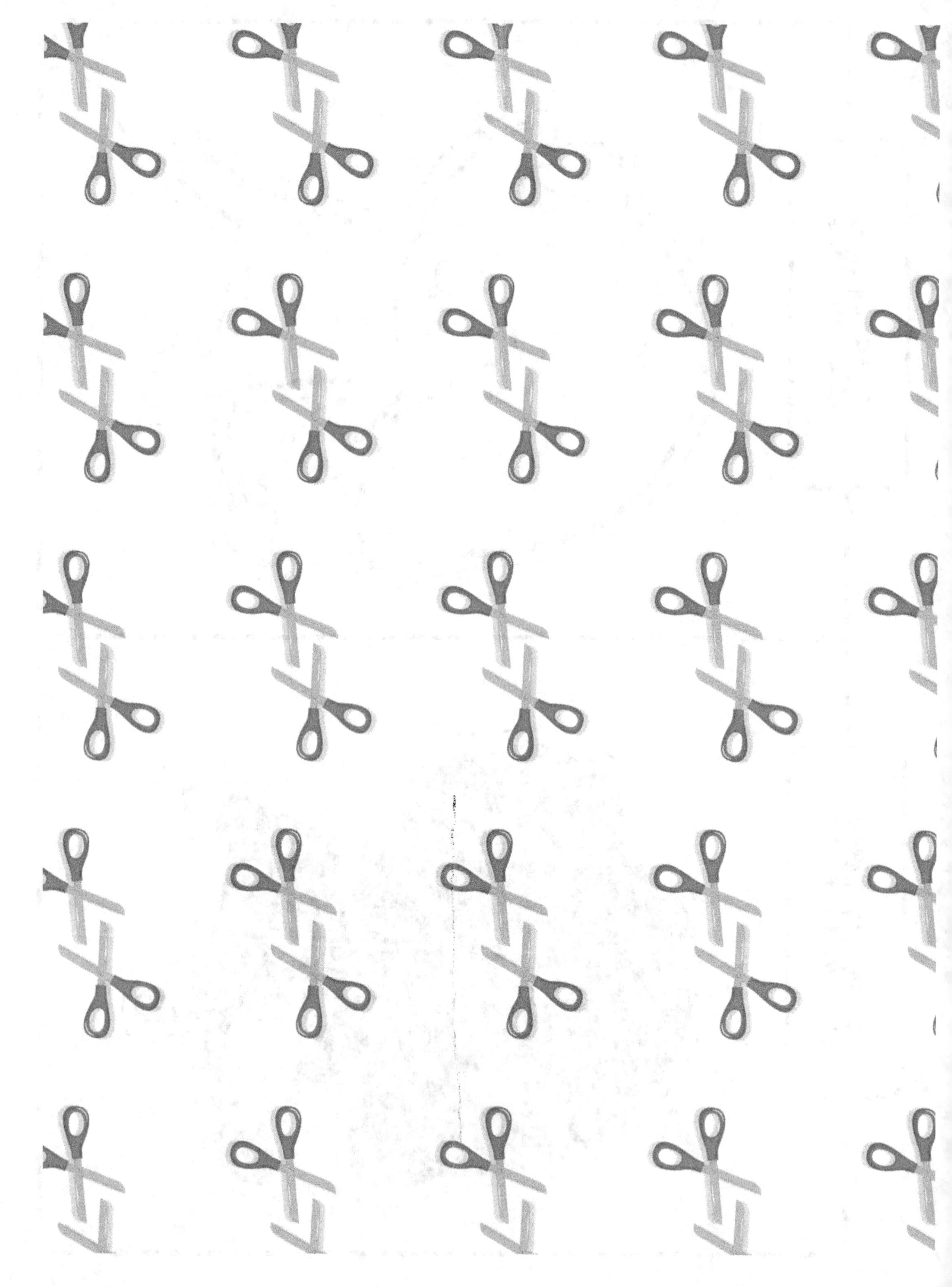

Schnitt

Einfügen

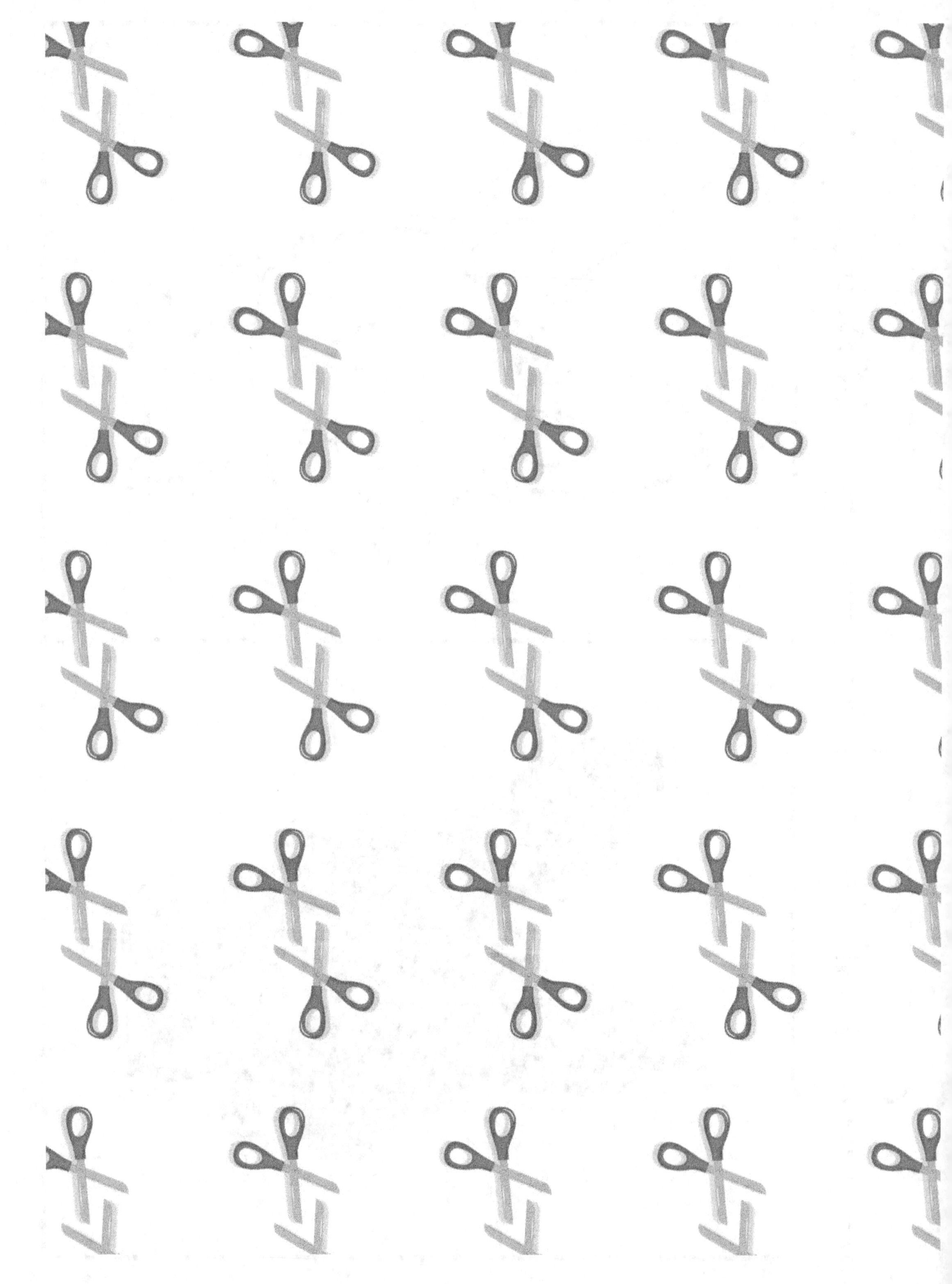

Schnitt

Einfügen

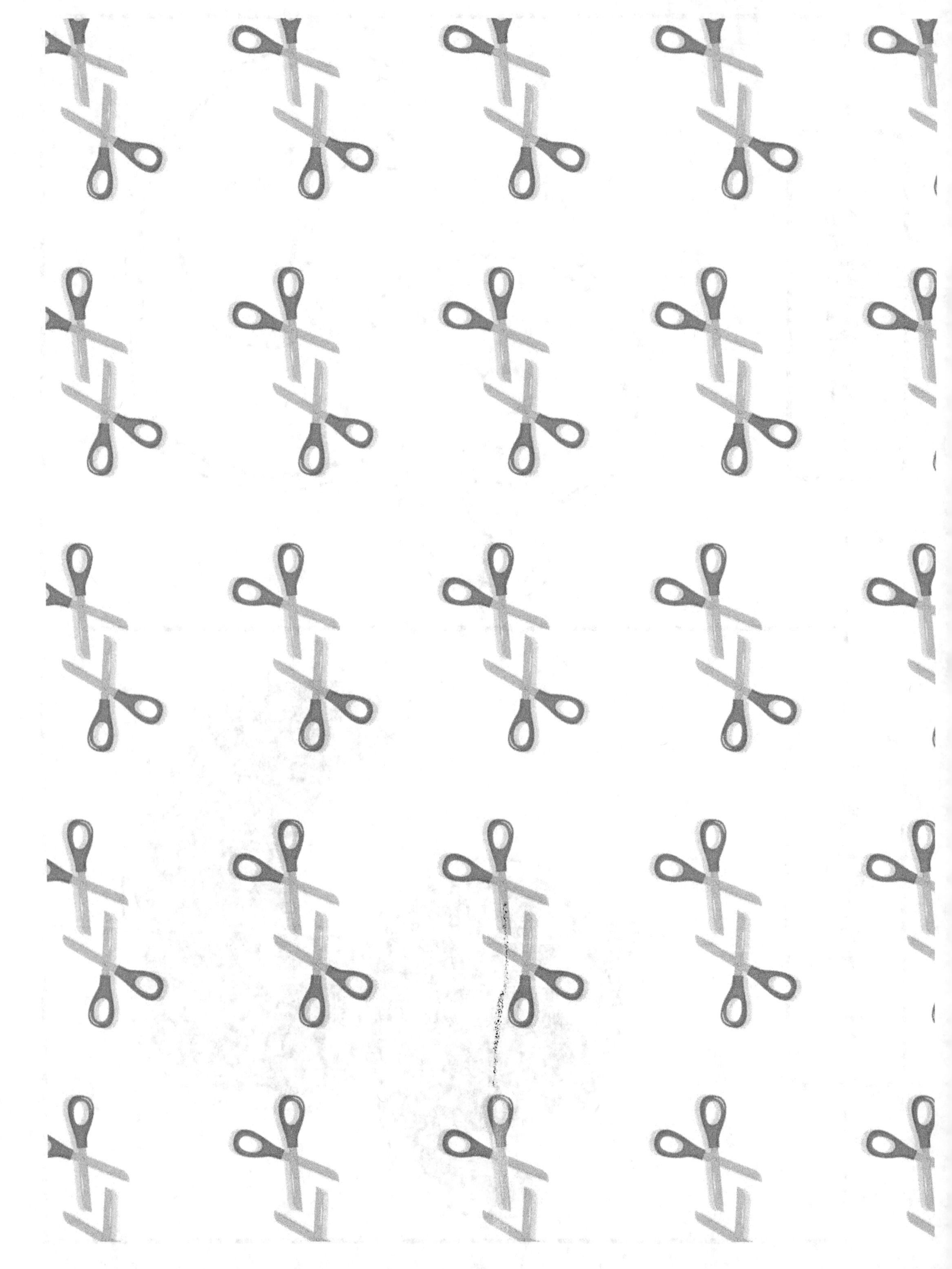

Schnitt

Einfügen

Schnitt

Einfütt

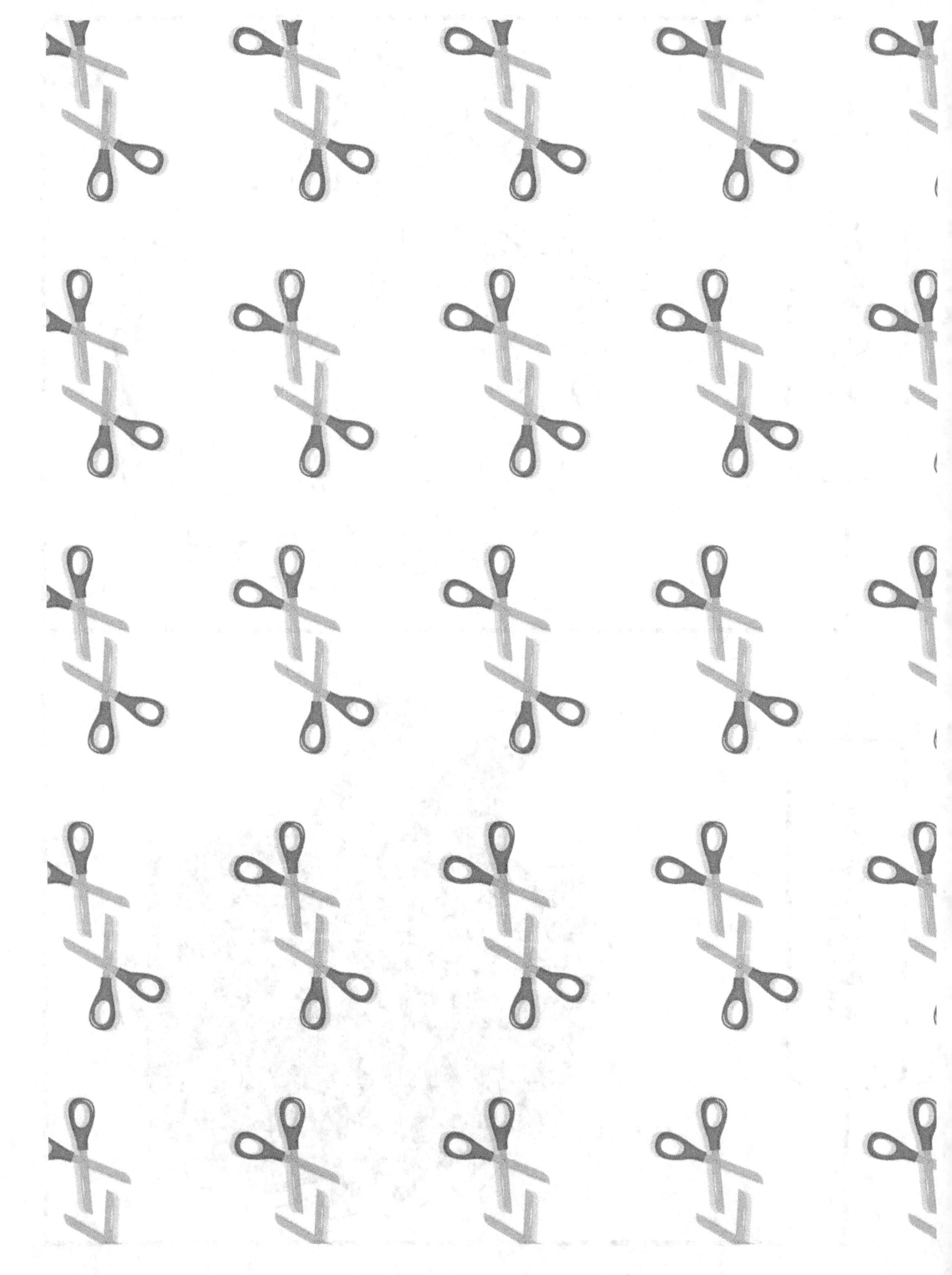

Schnitt

Einfügen

Schnitt

Einfügen

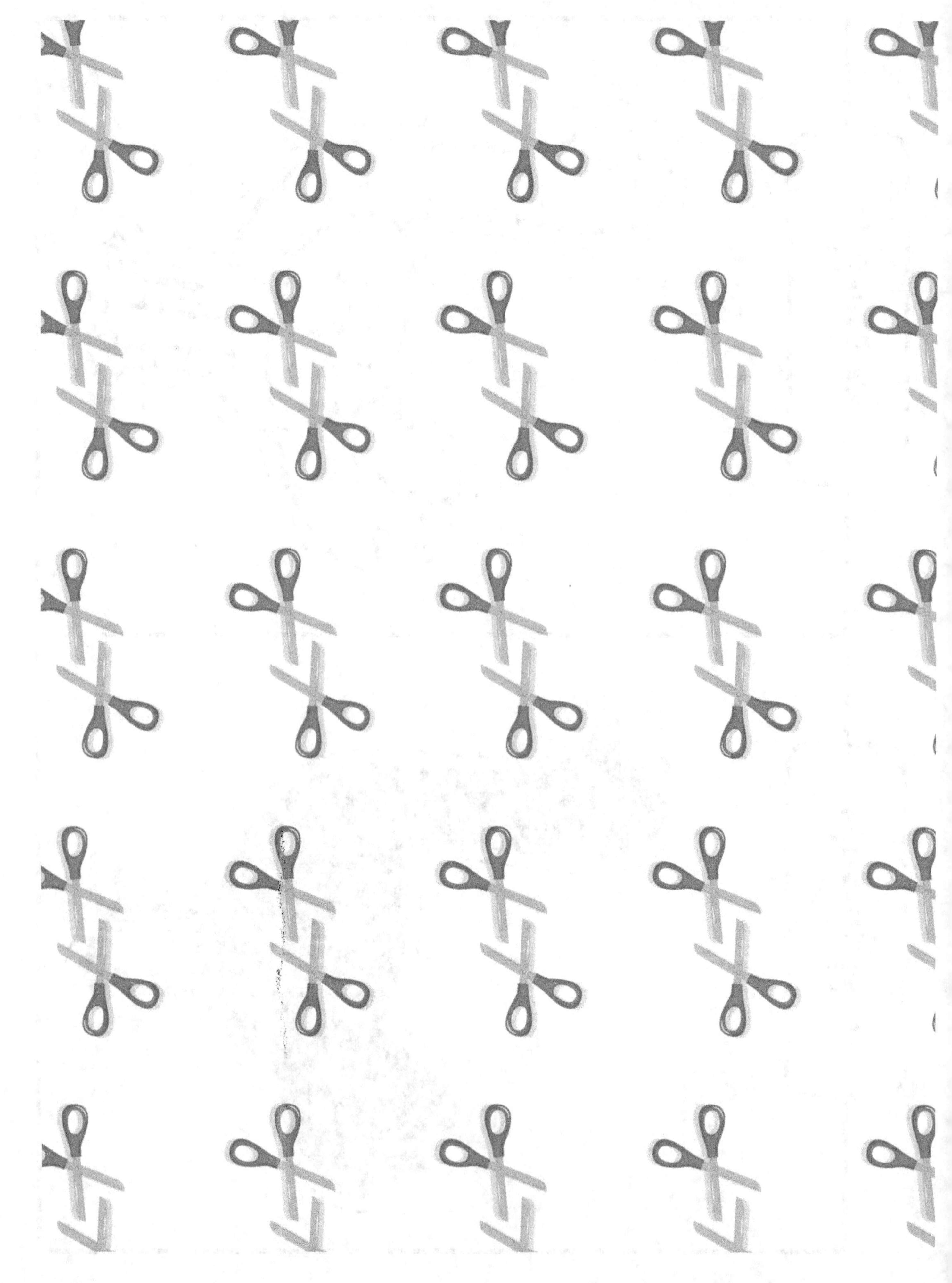

Schnitt

Einfügen

Schnitt
Einfügen

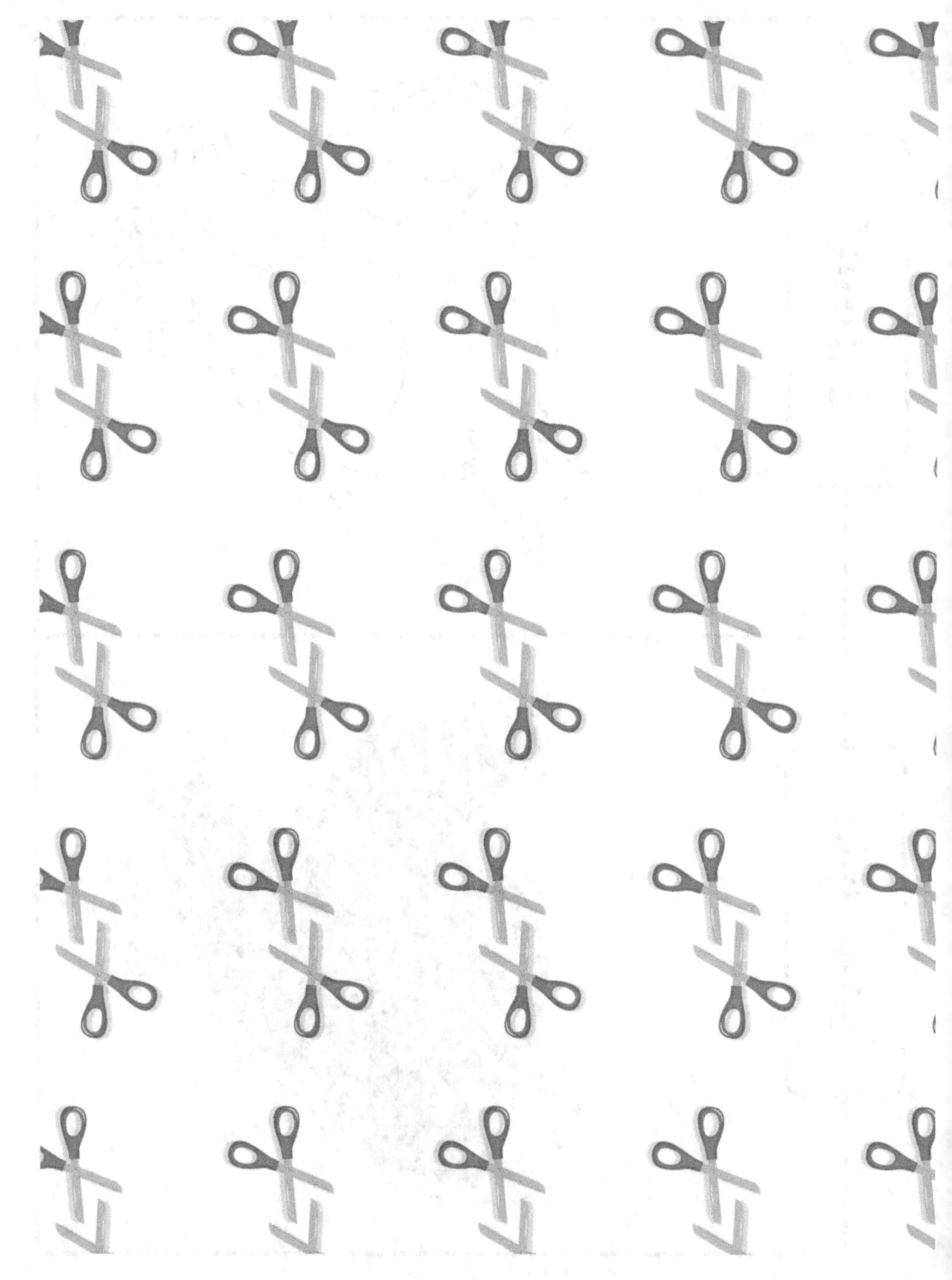

Schnitt

Einfügen

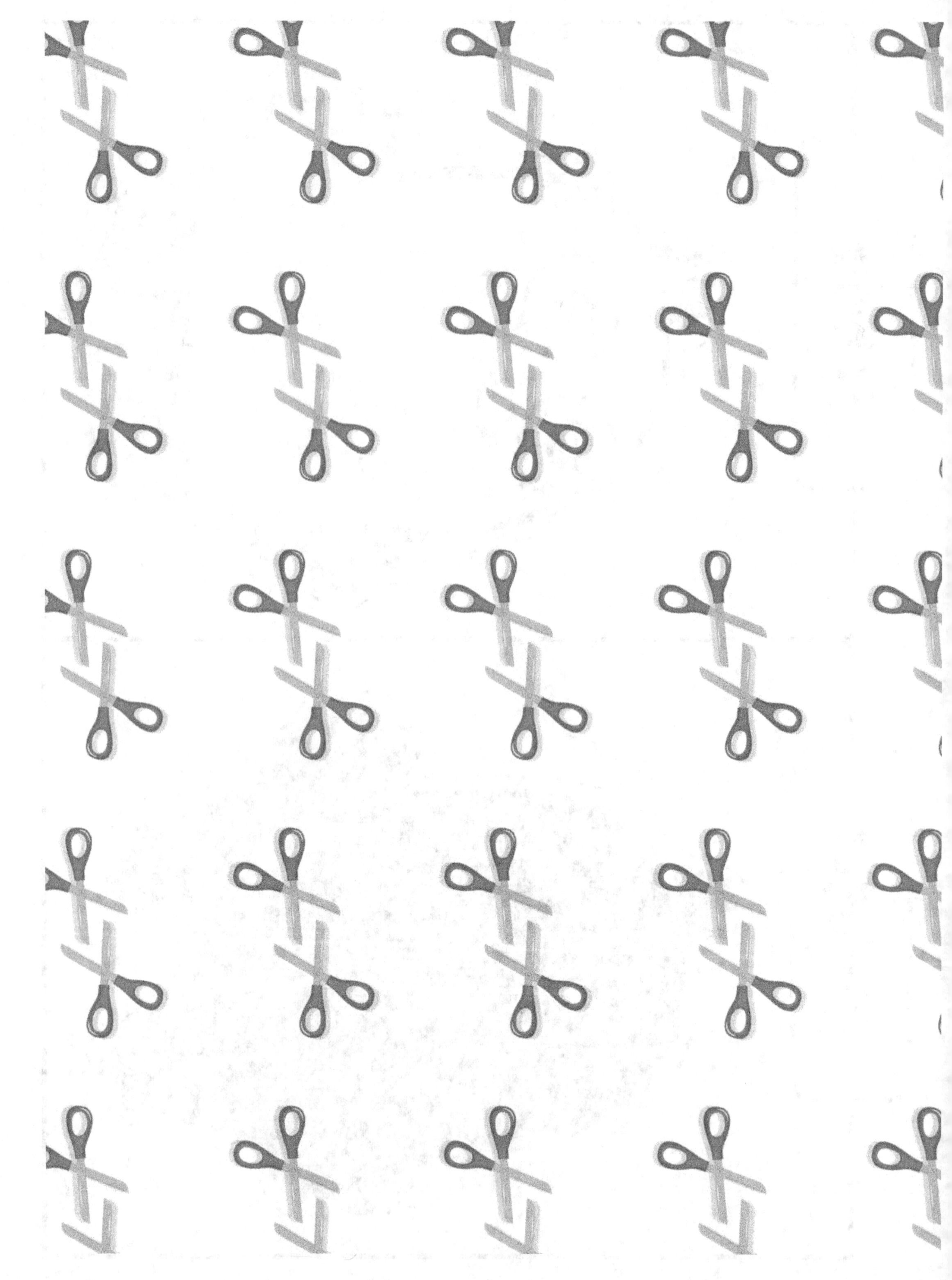

Schnitt

Let´s Paste

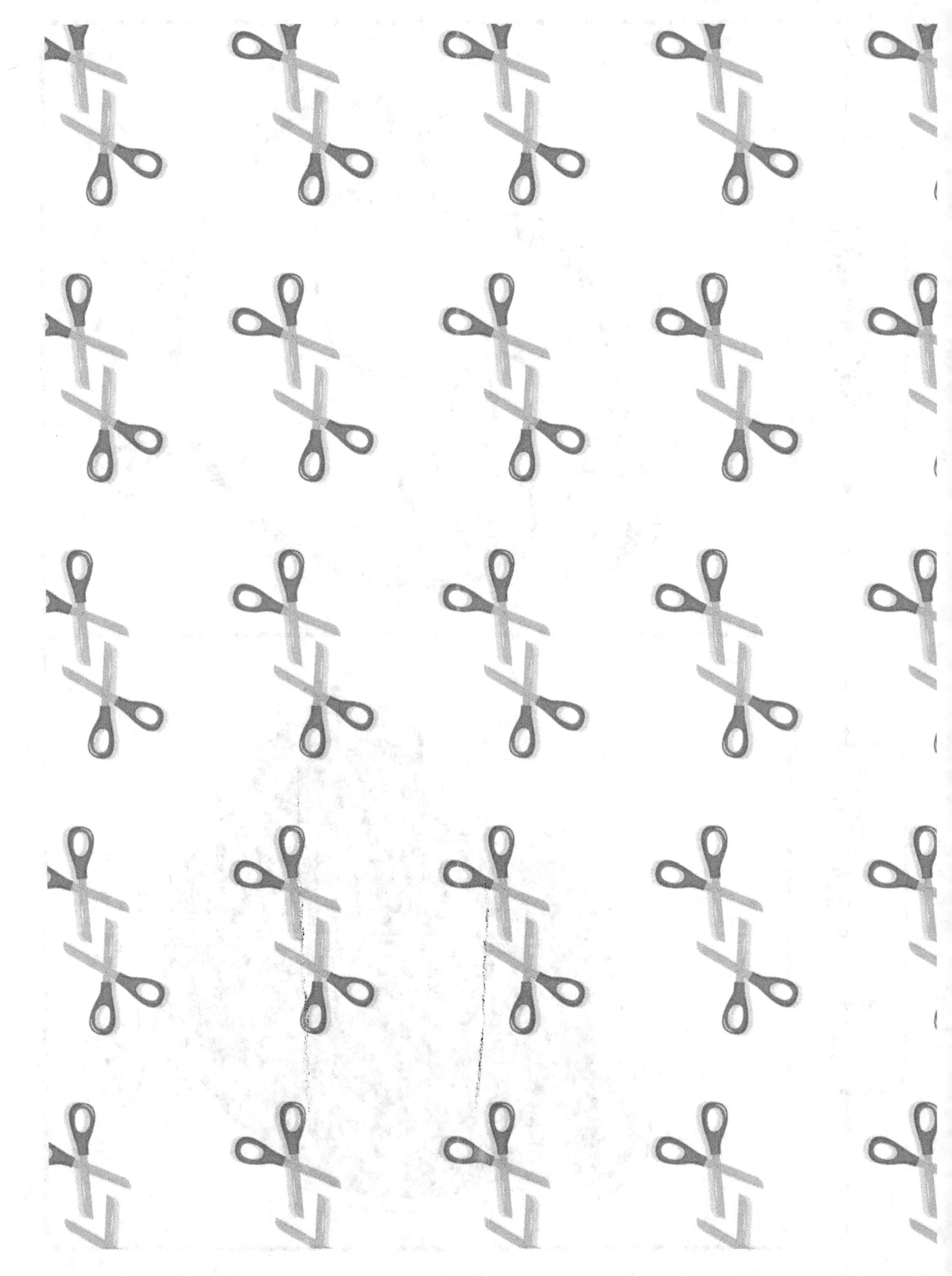

Schnitt

Einfügen

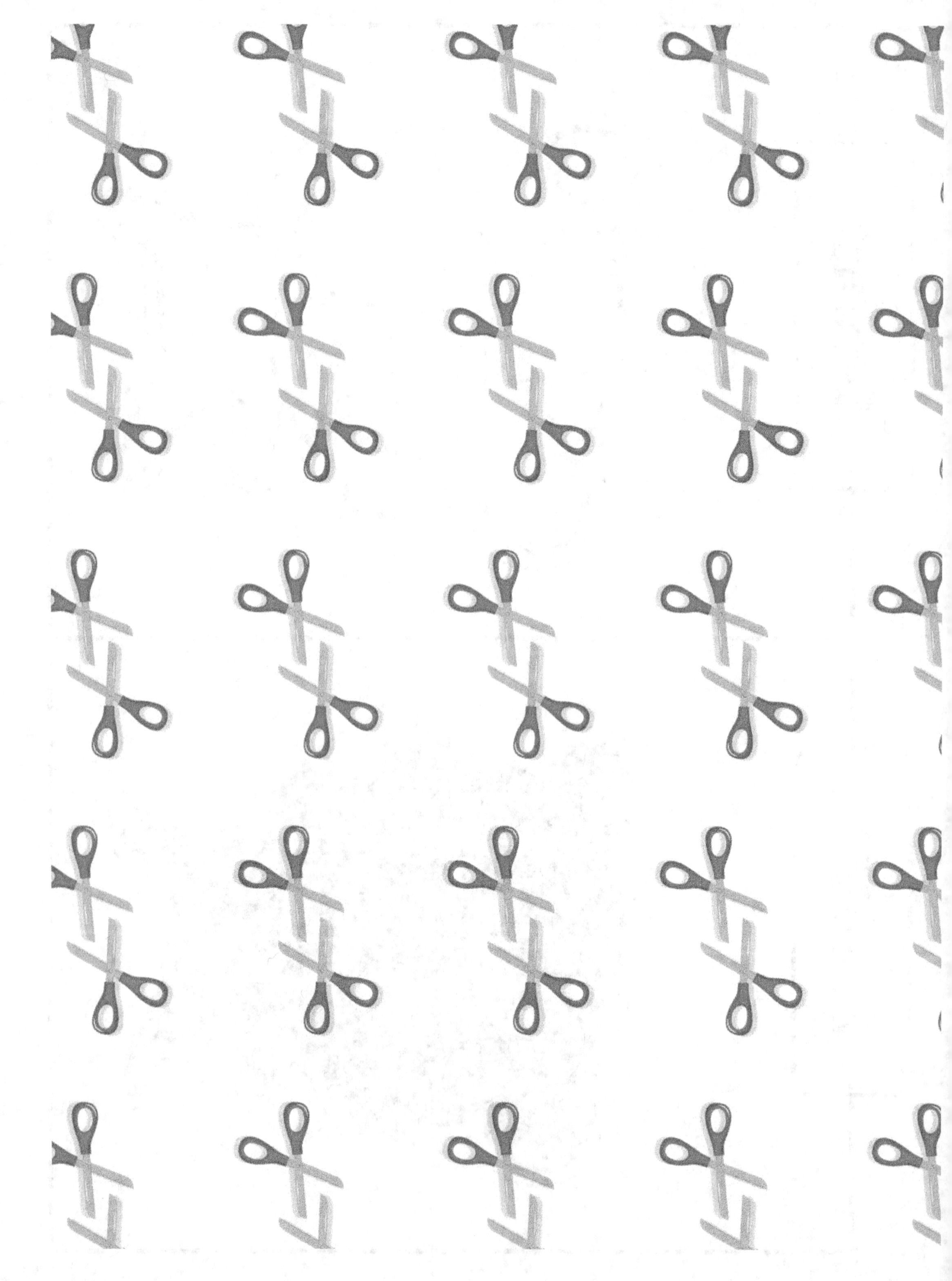

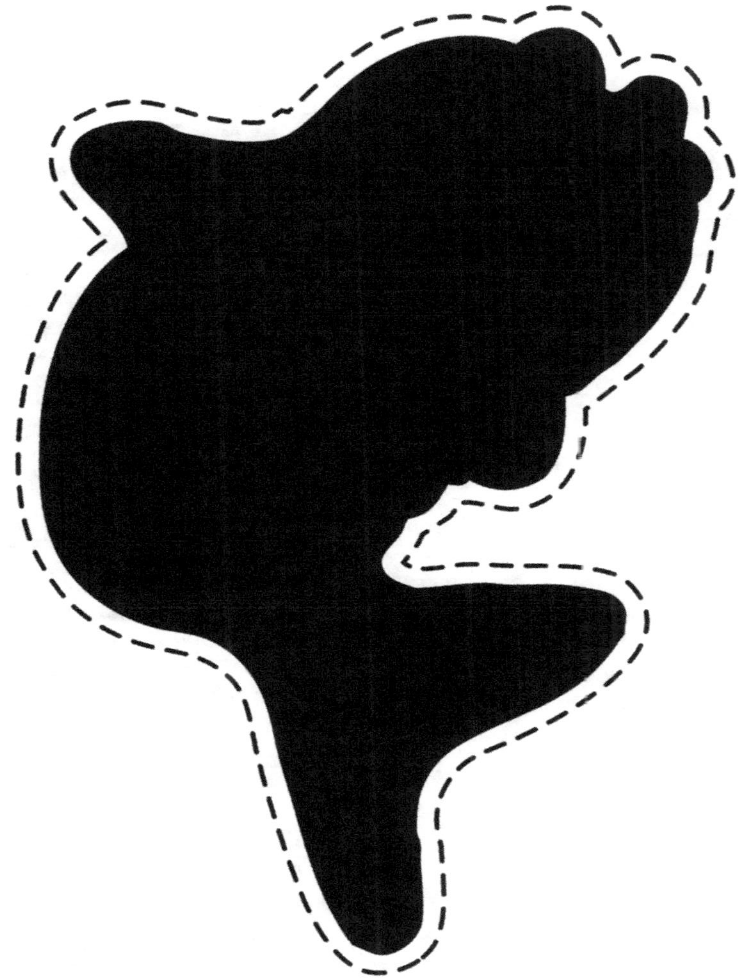

Schnitt

Einfügen

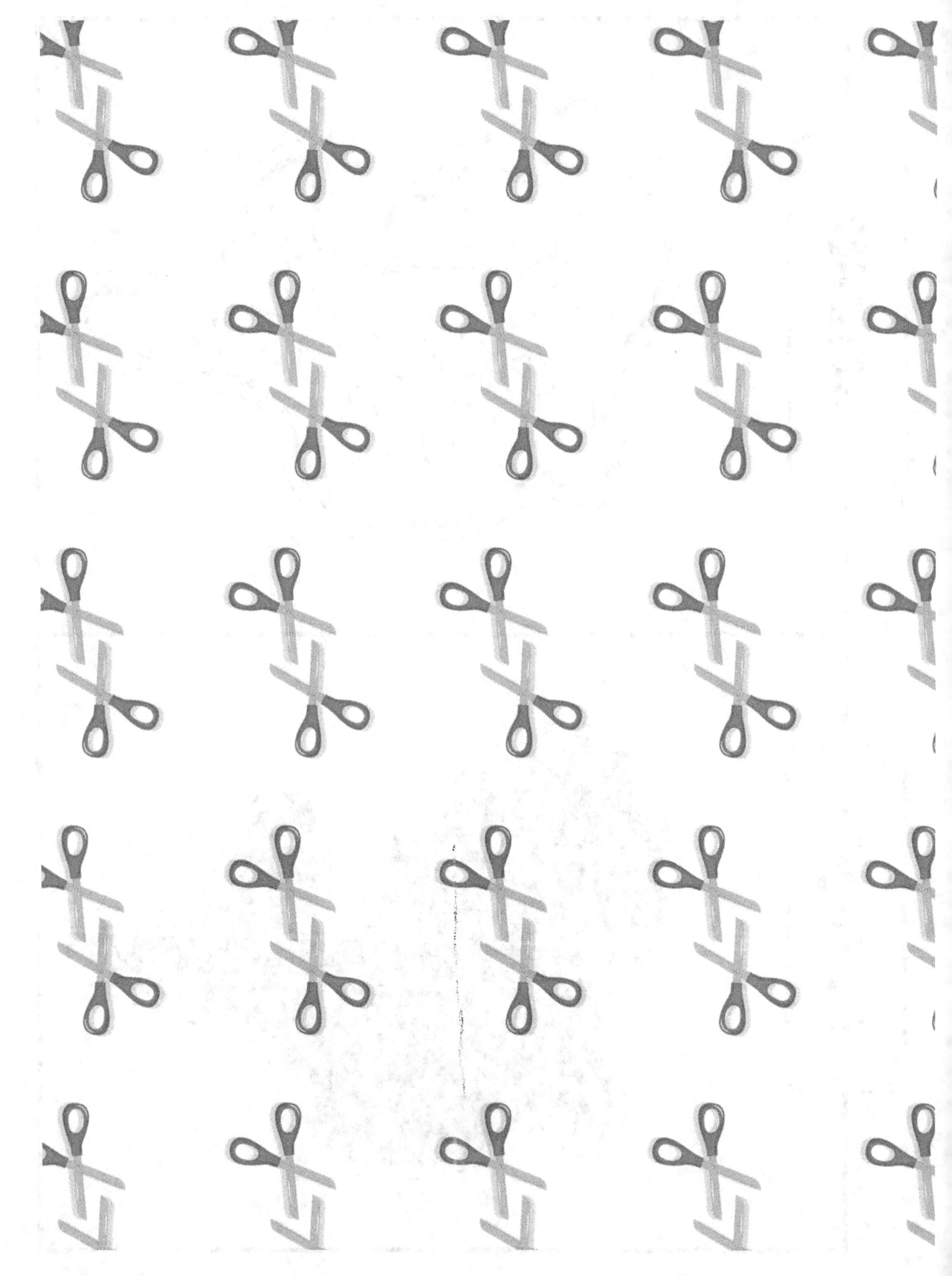

Schnitt

Einfügen

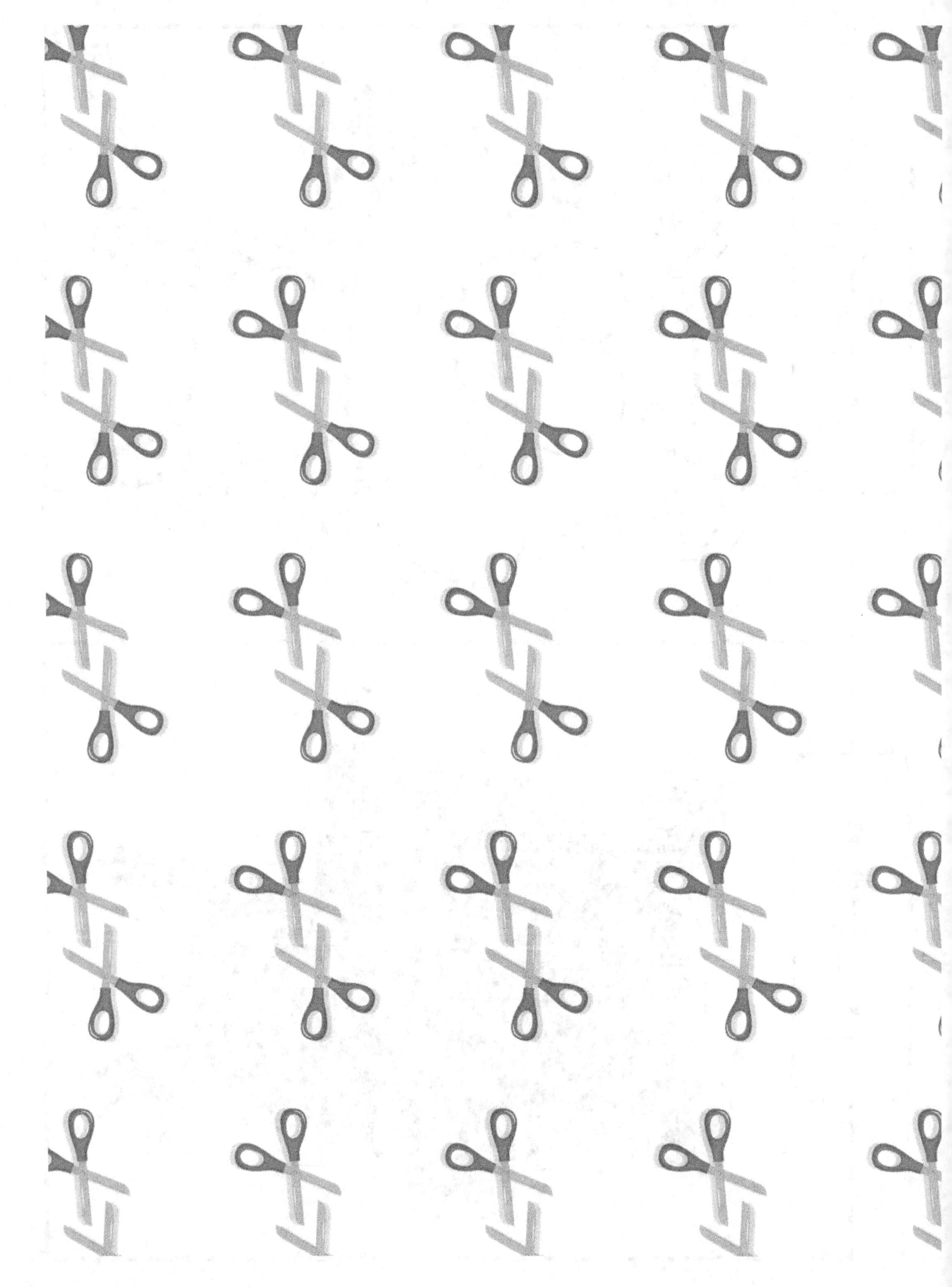

Schnitt

Einfügen

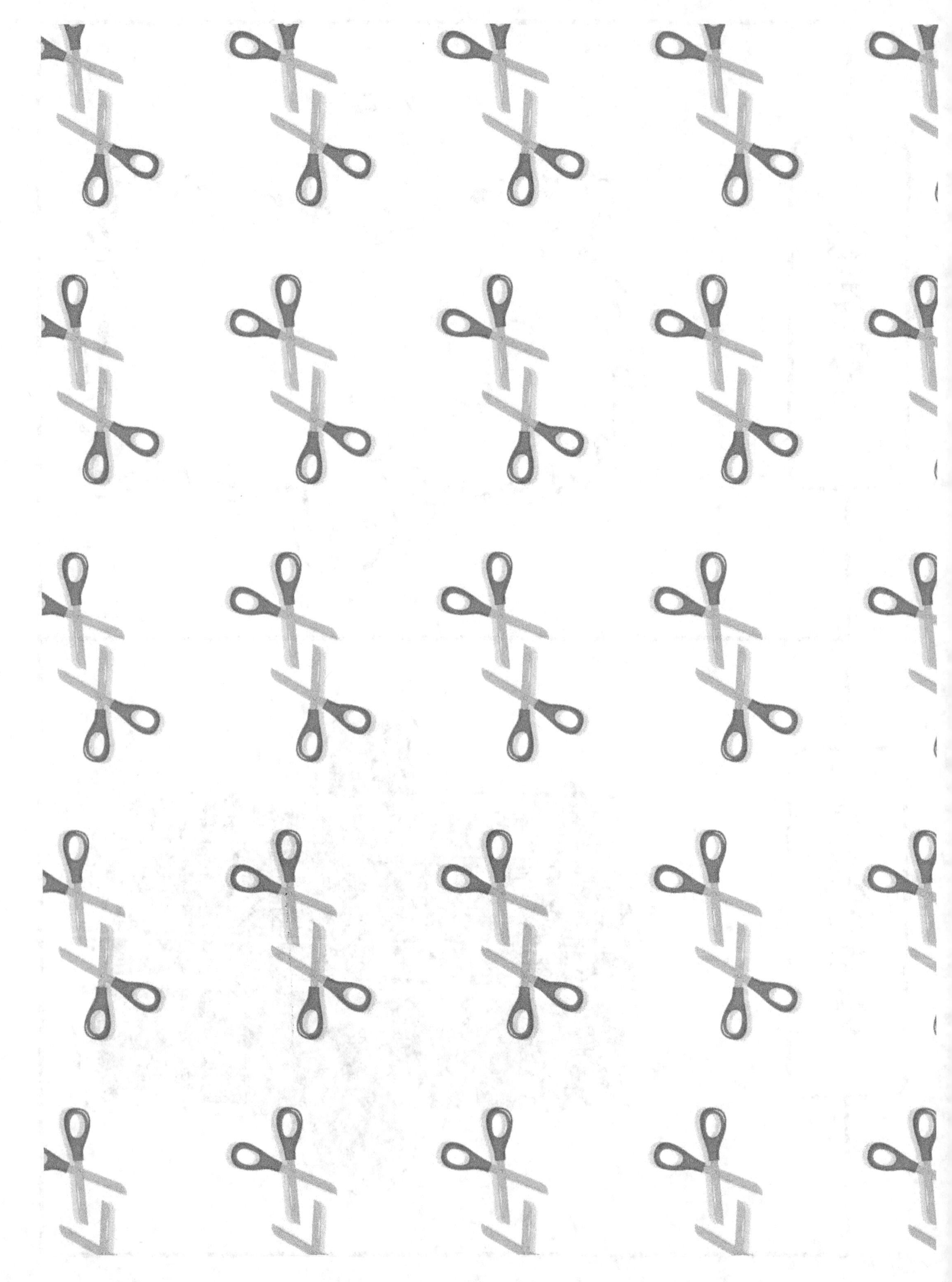

Schnitt

Einfügen

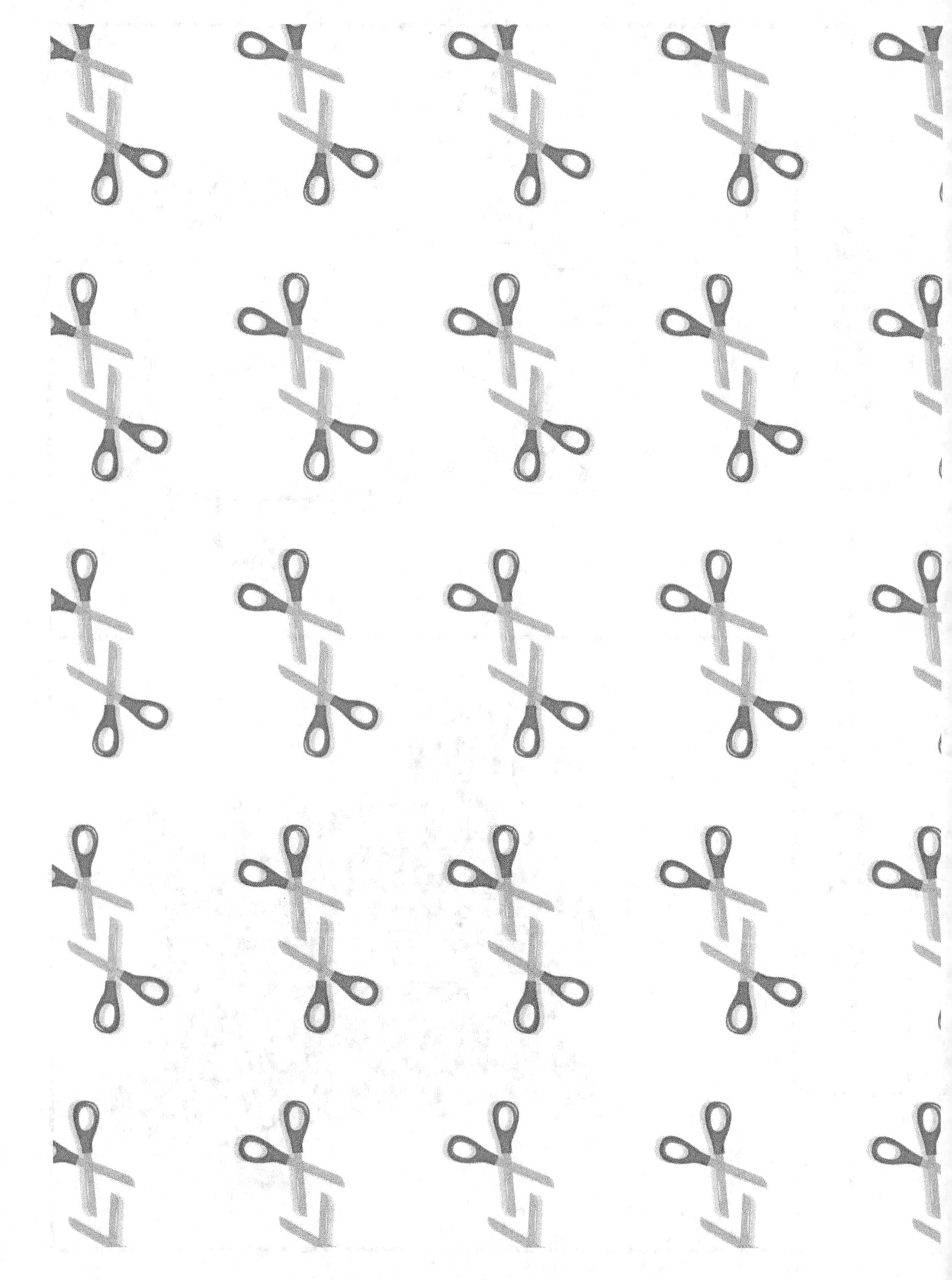

Schnitt

Einfügen

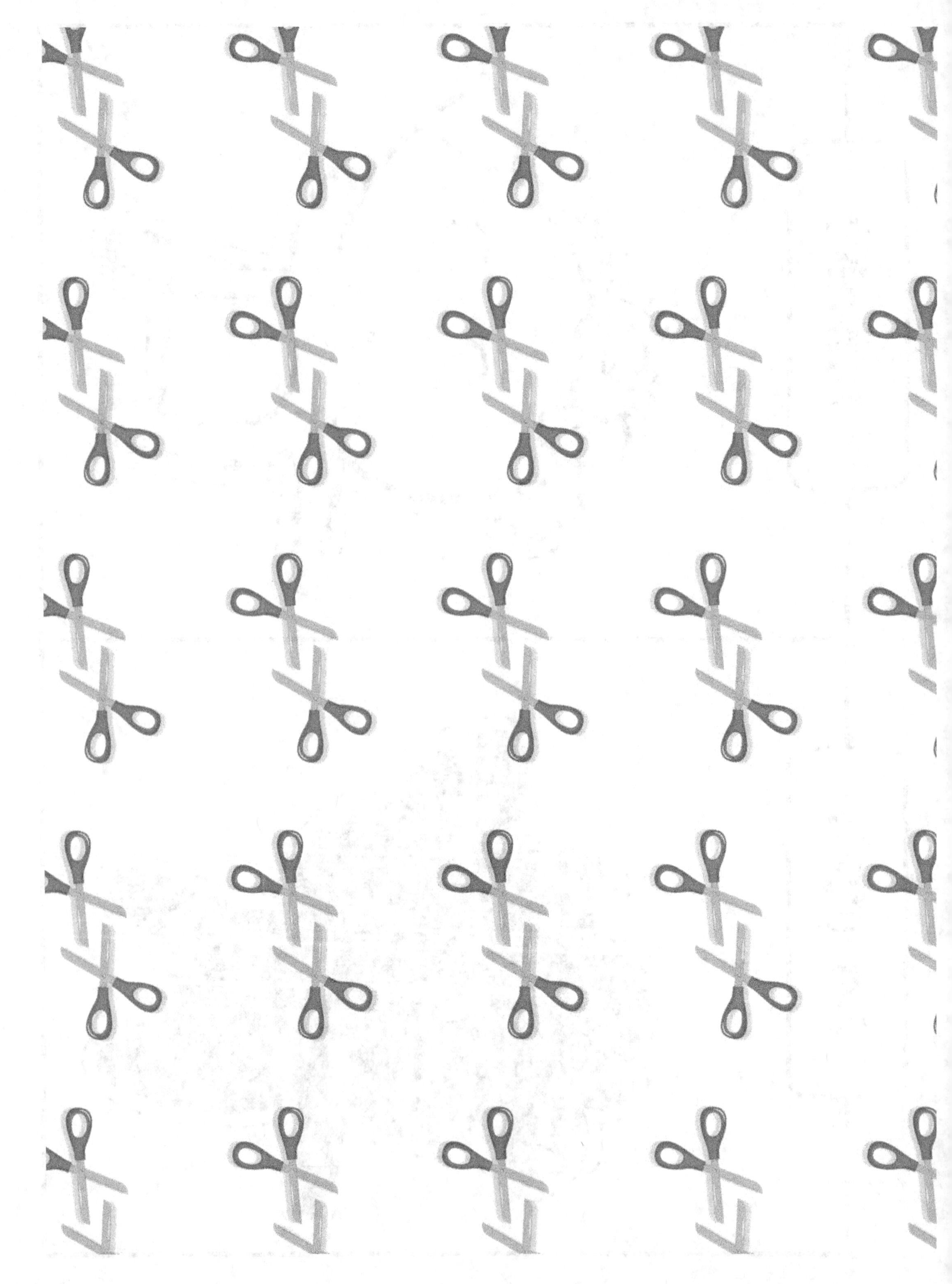

Schnitt

Einfügen

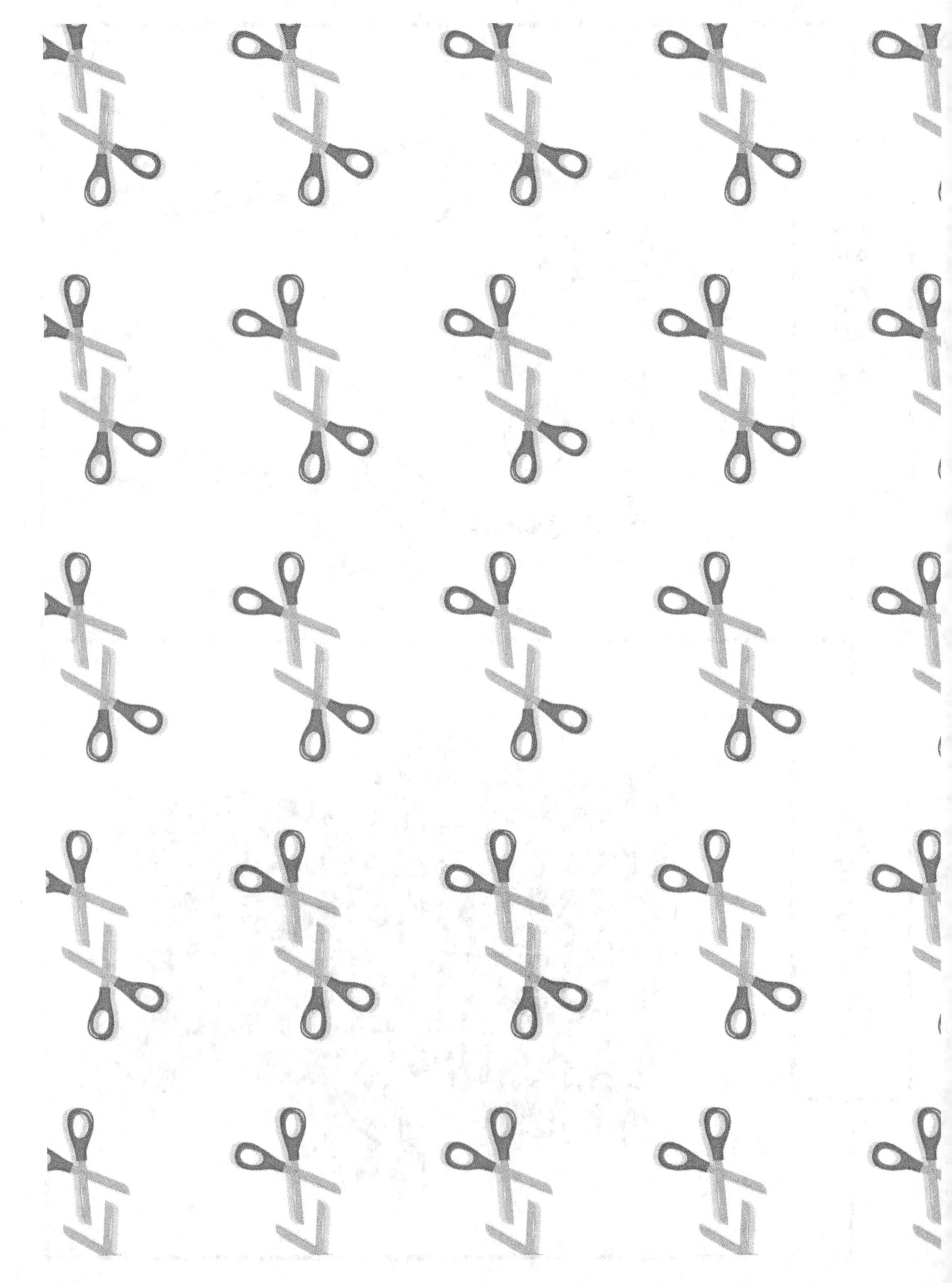

Schnitt

Einfügen

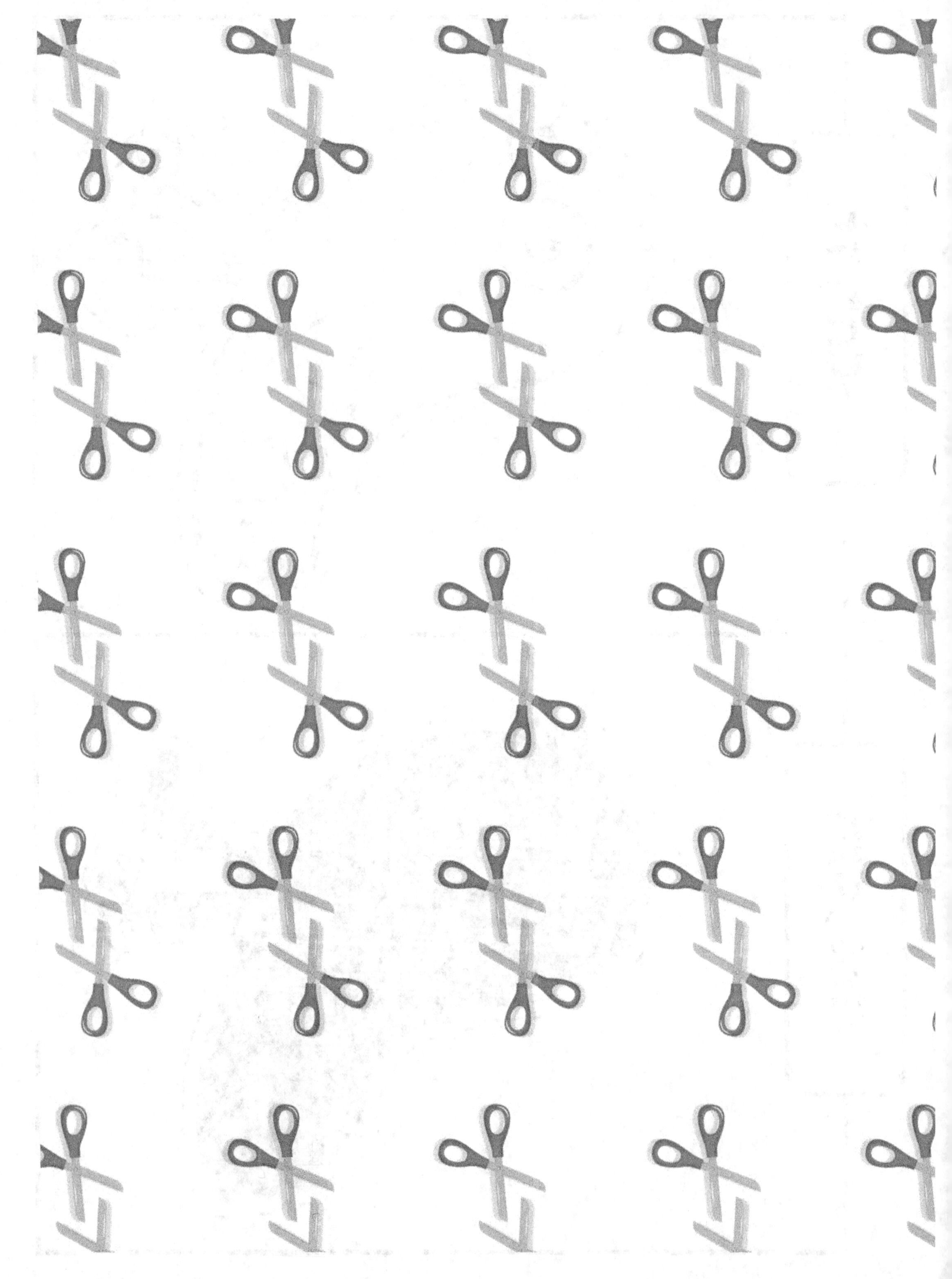

Schnitt

Einfügen

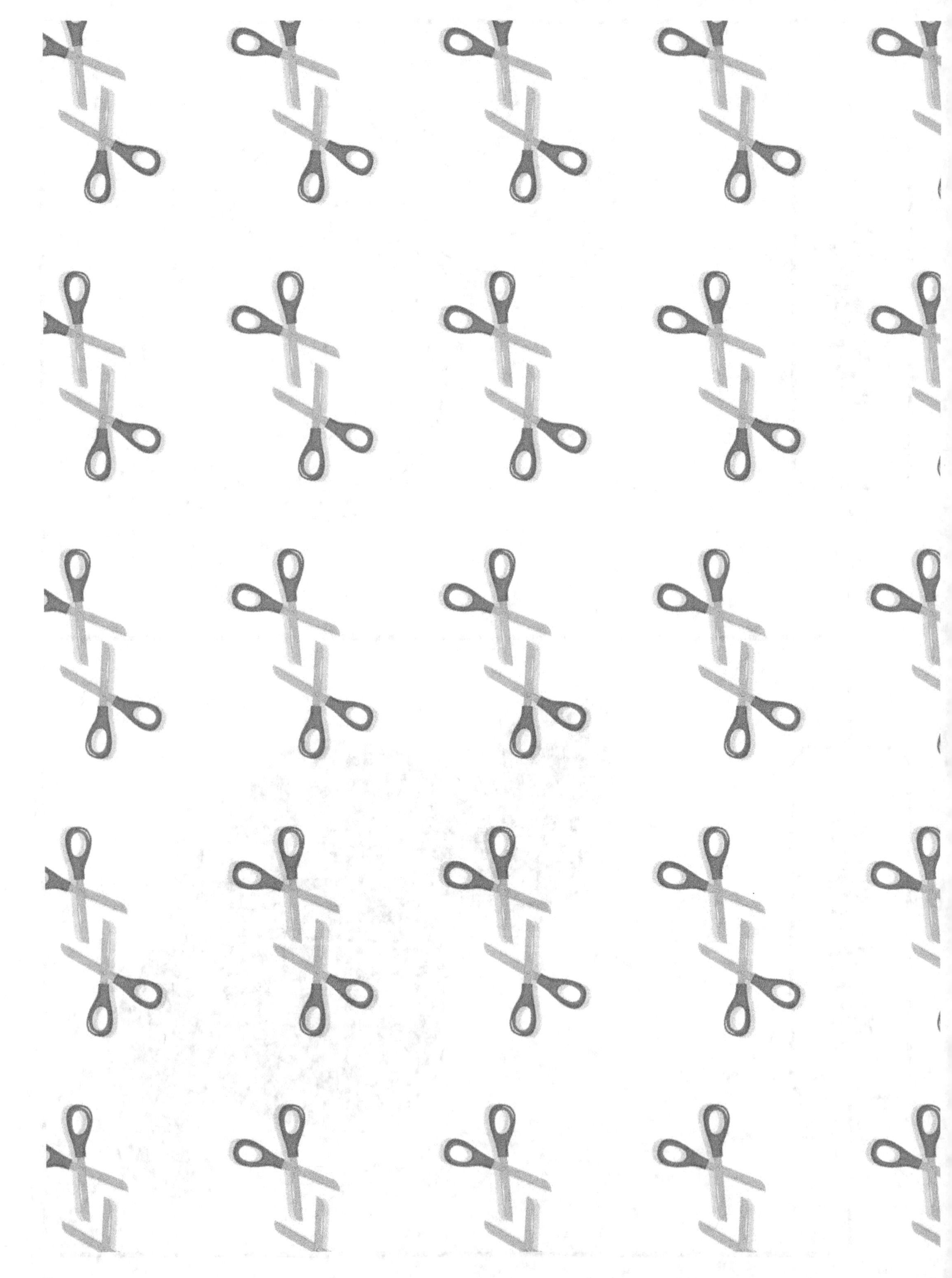

Schnitt
Einfügen

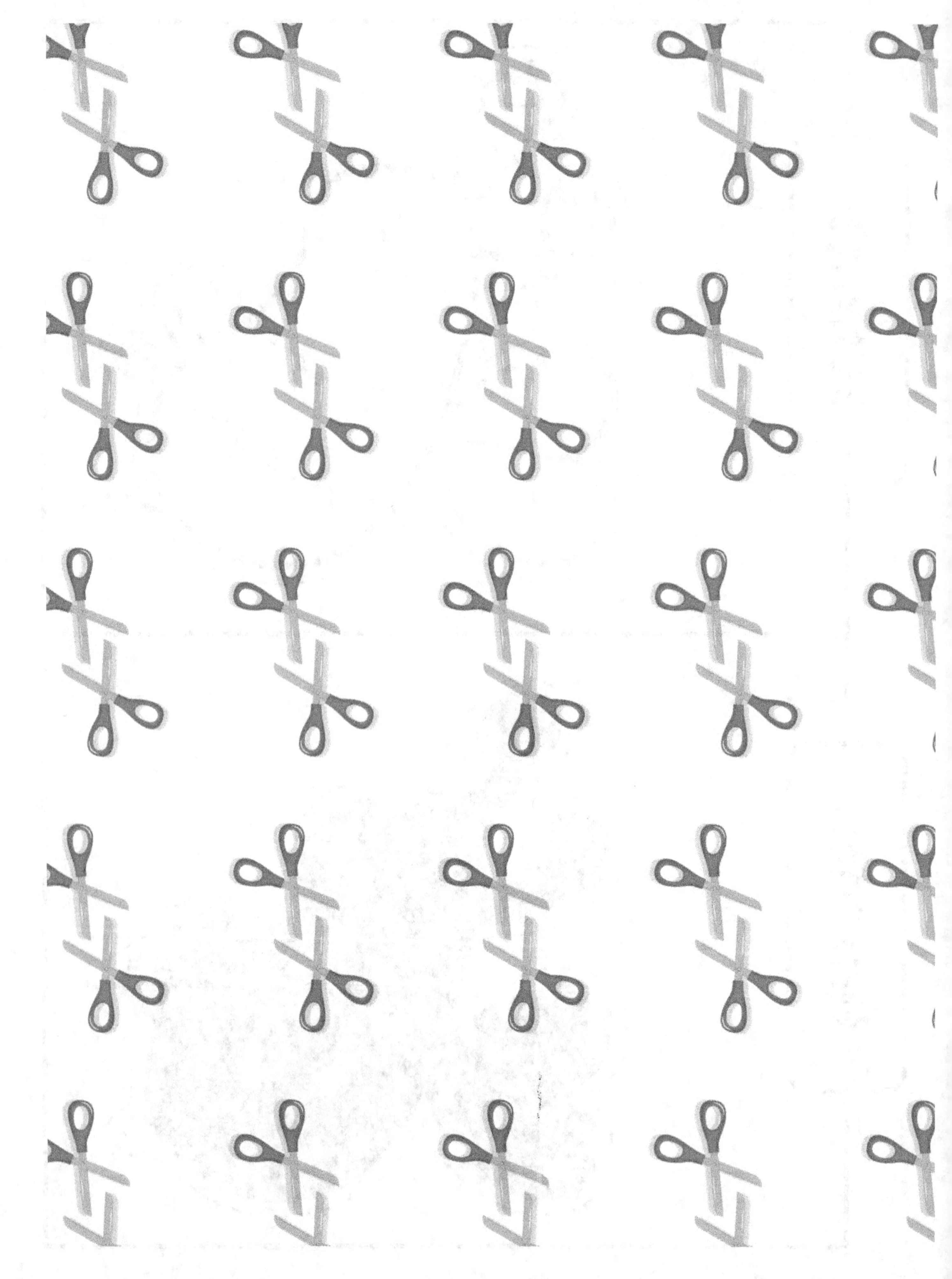

Schnitt

Einfügen

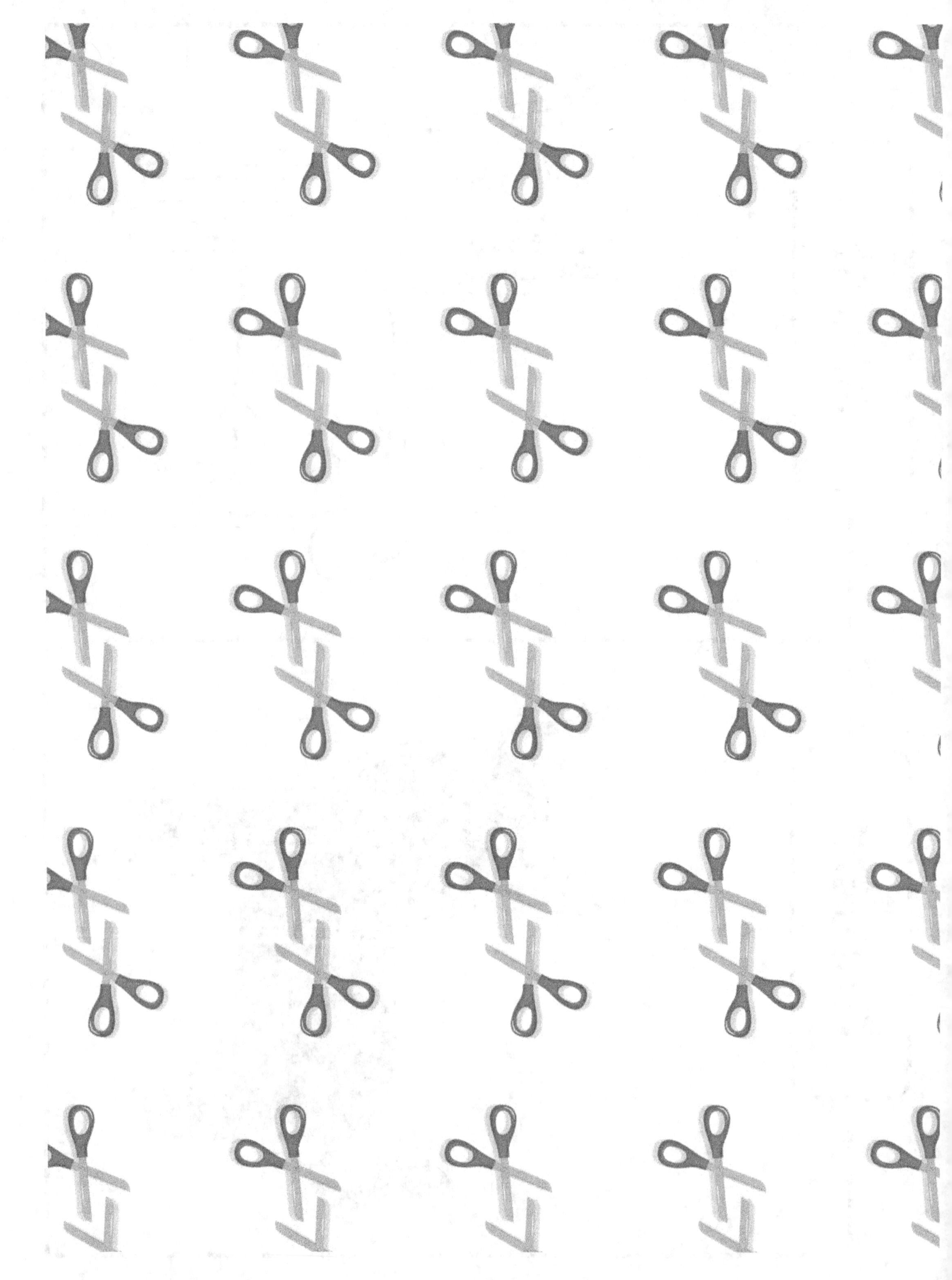

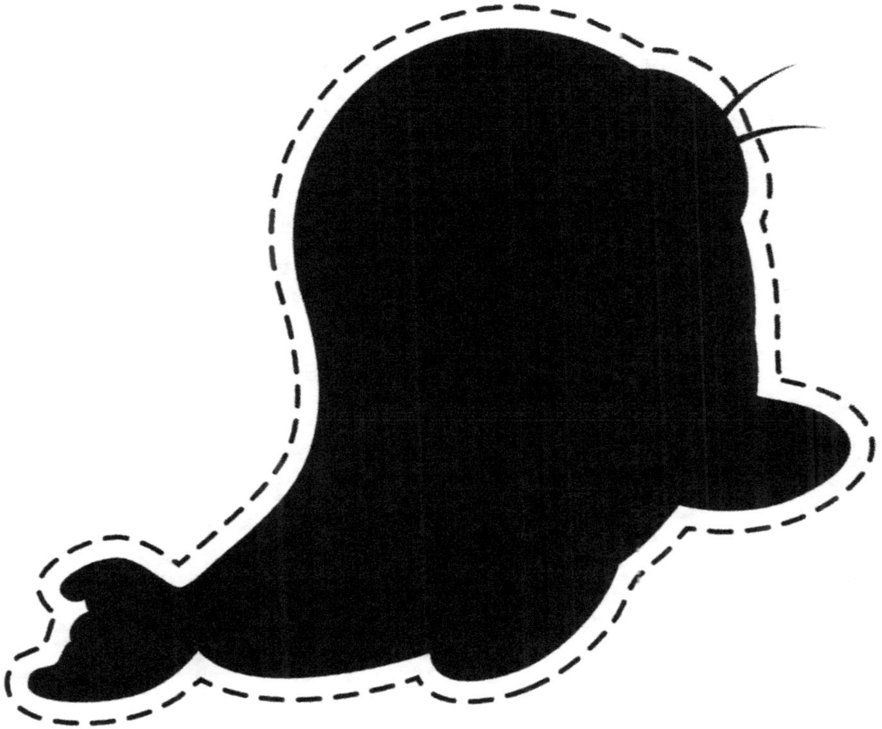

Schnitt

Einfügen

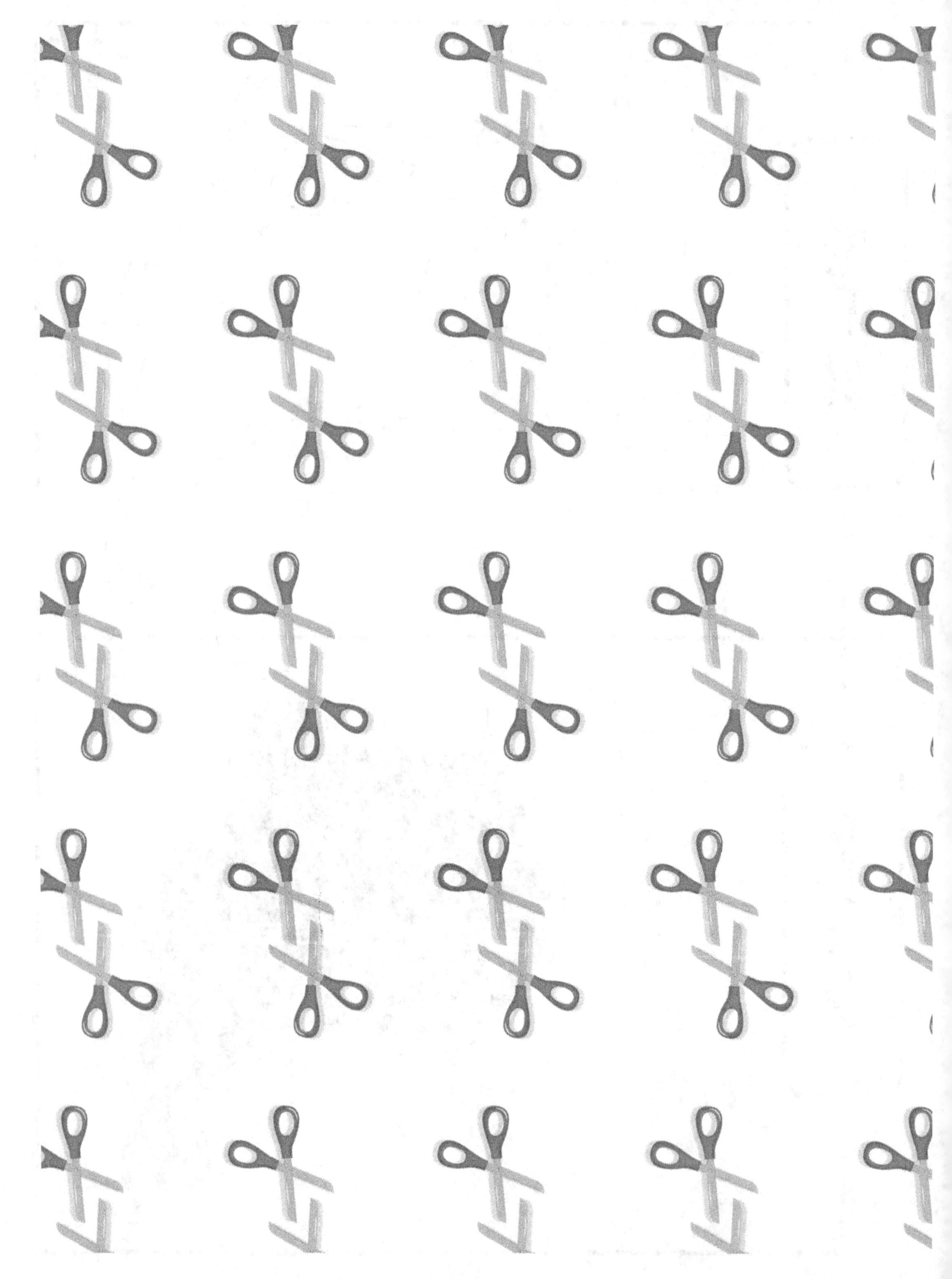

Schnitt

Einfügen

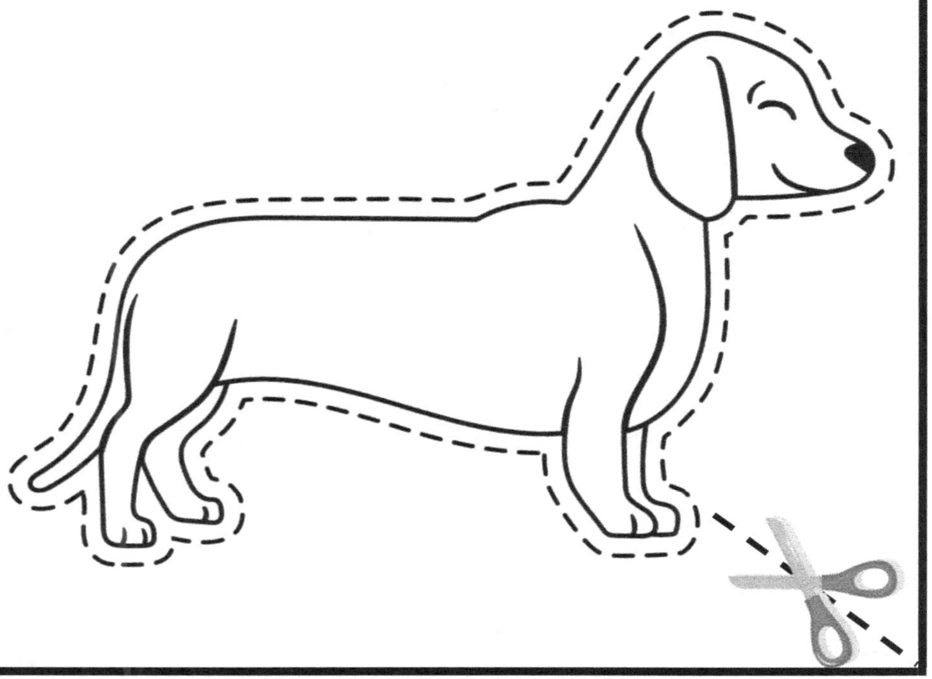

Einfügen

Schnitt

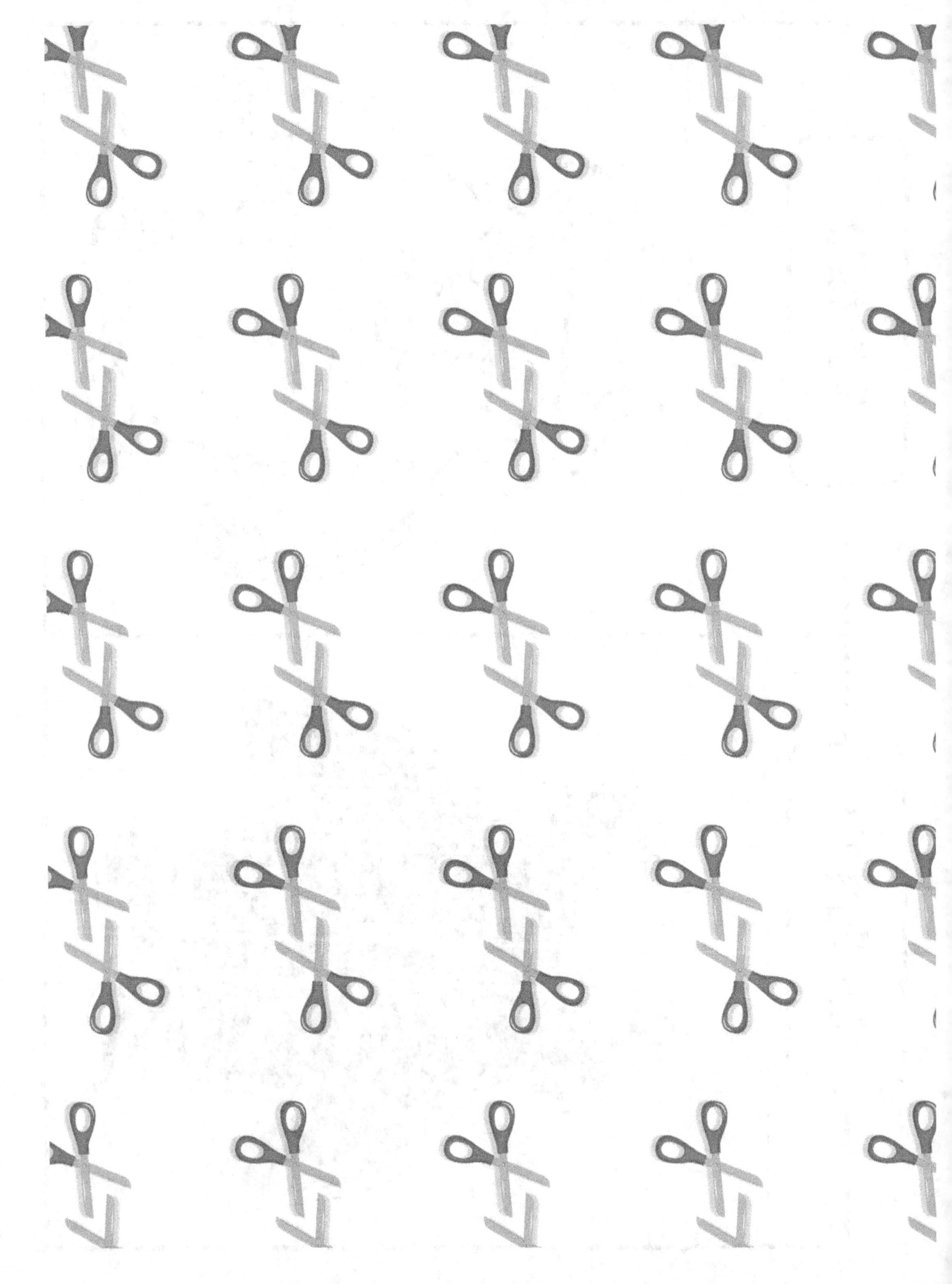

Einfügen

Schnitt

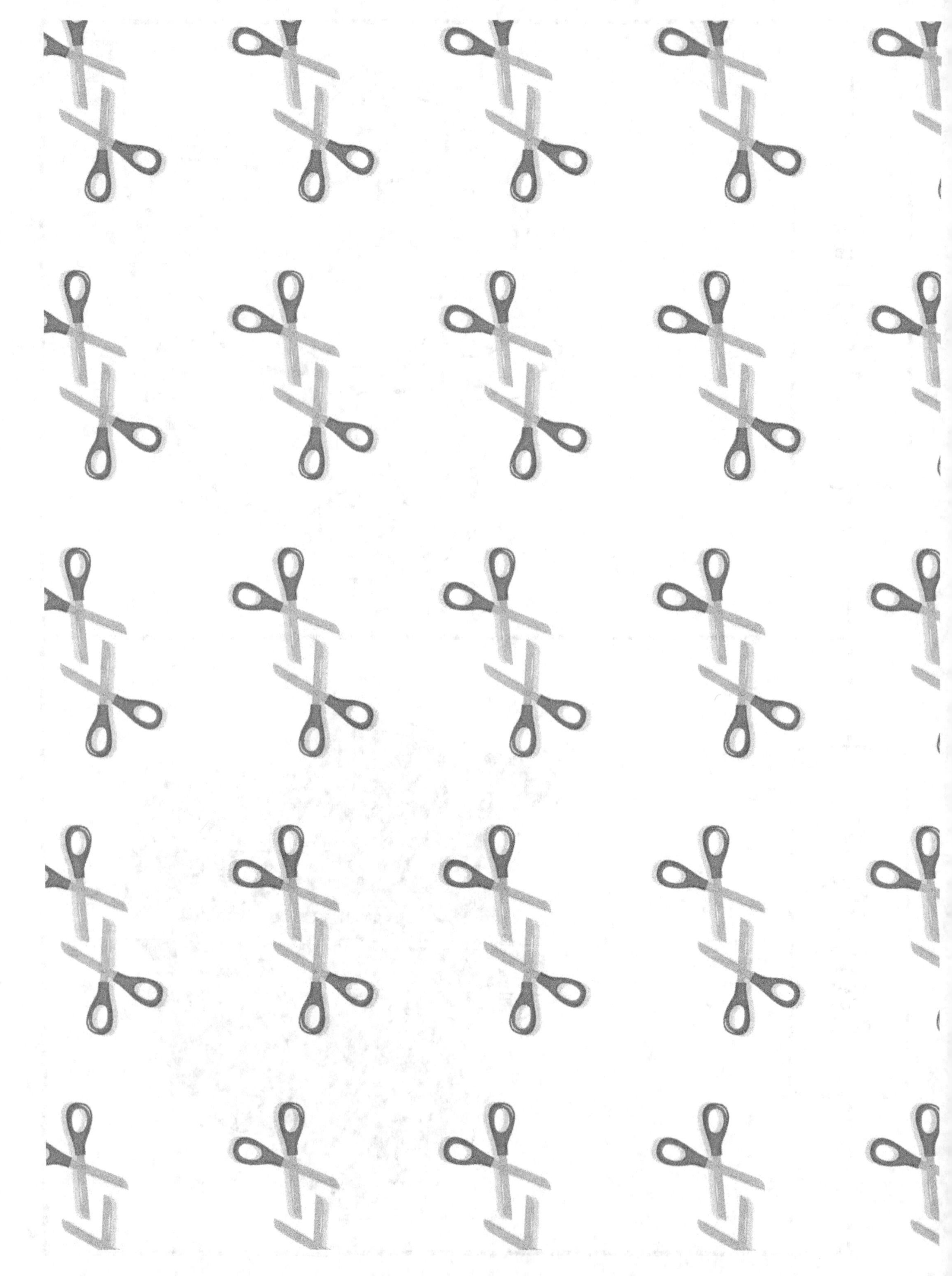

Schnitt

Einfügen

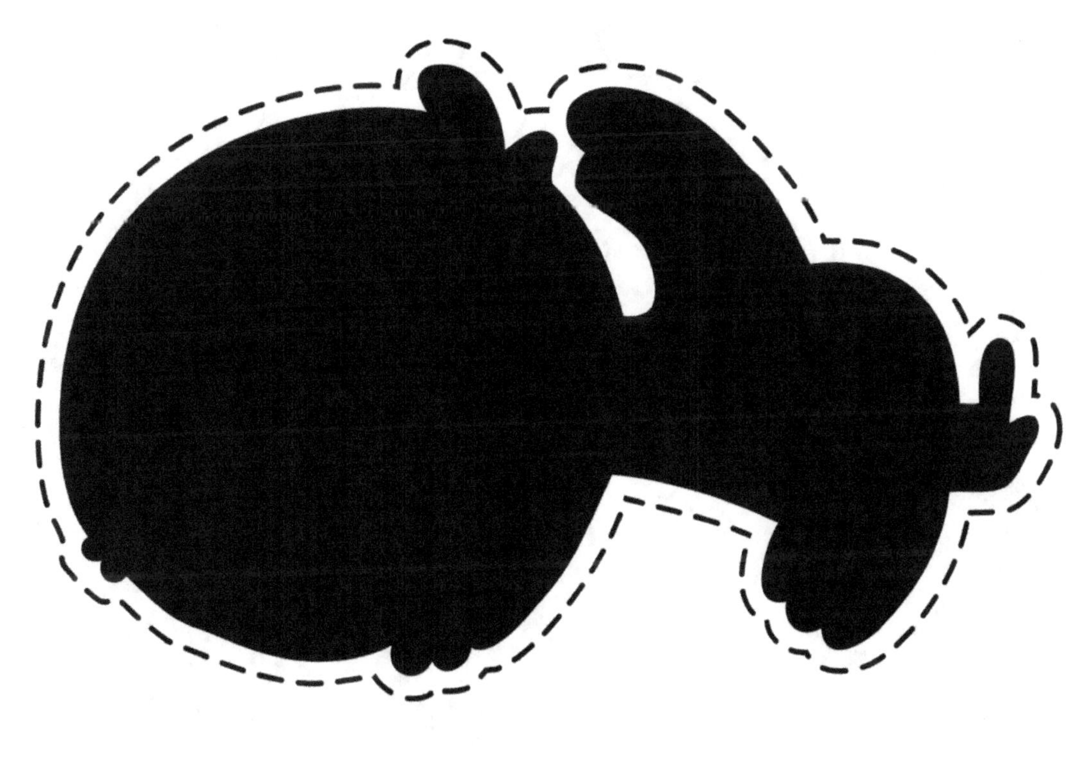

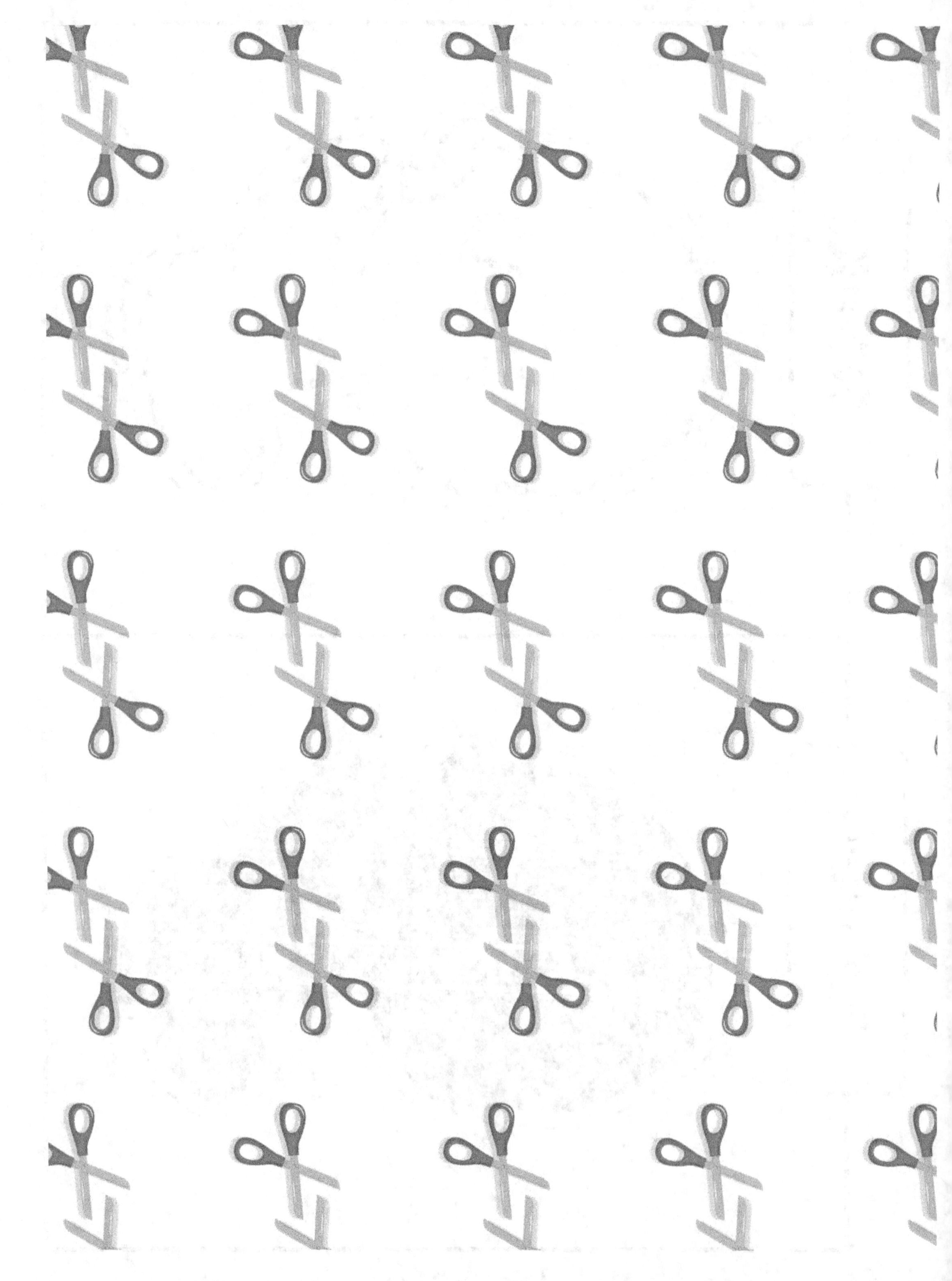

Schnitt

Einfügen

Schnitt

Einfügen

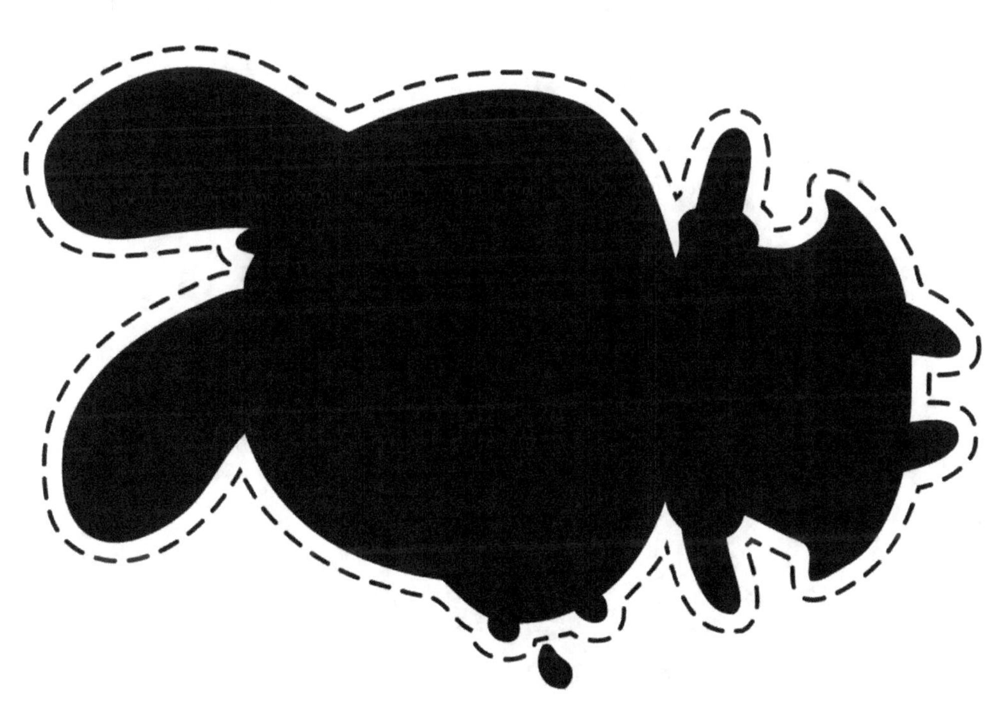

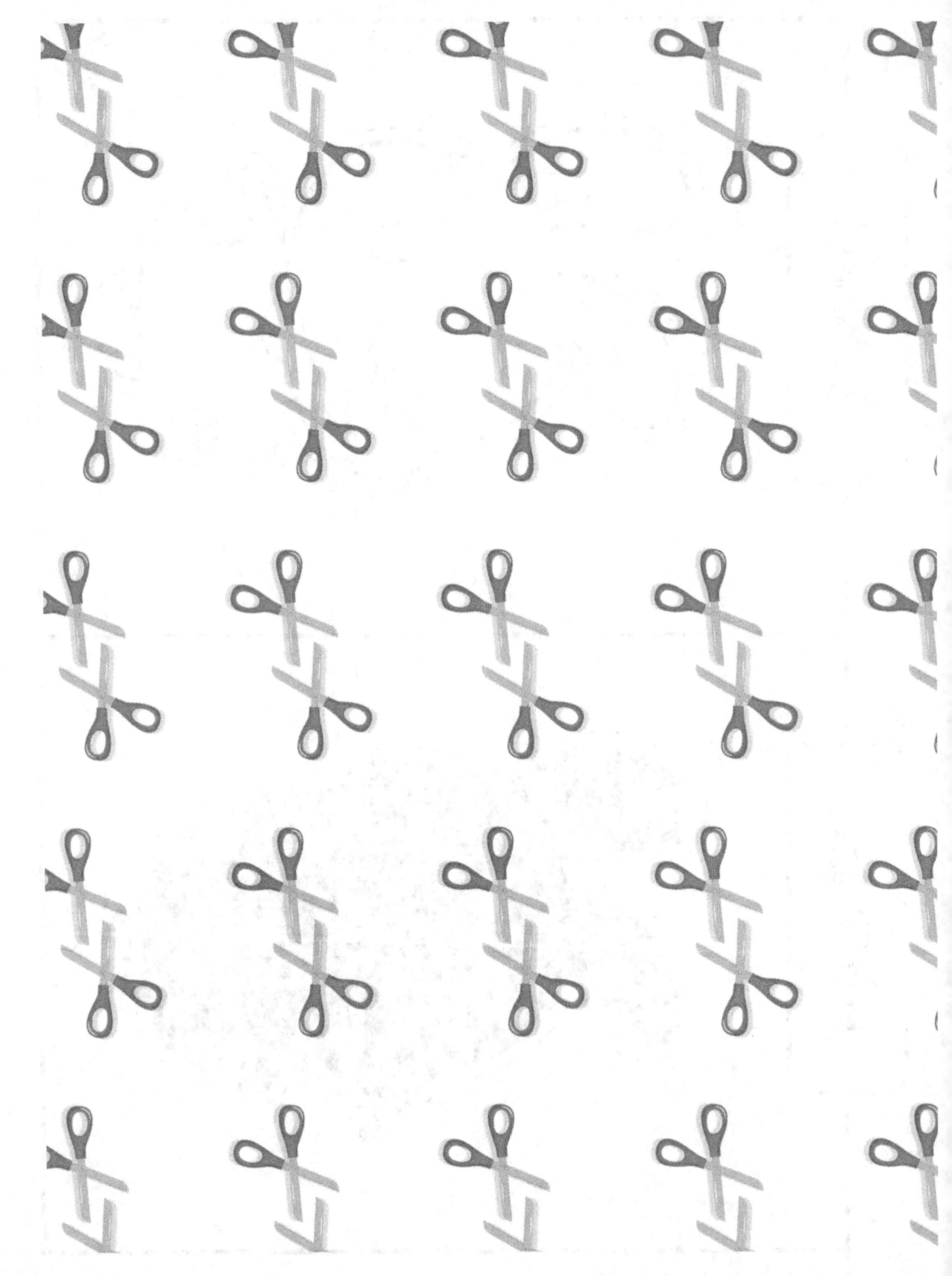

Schnitt

Einfügen

Schnitt

Einfügen

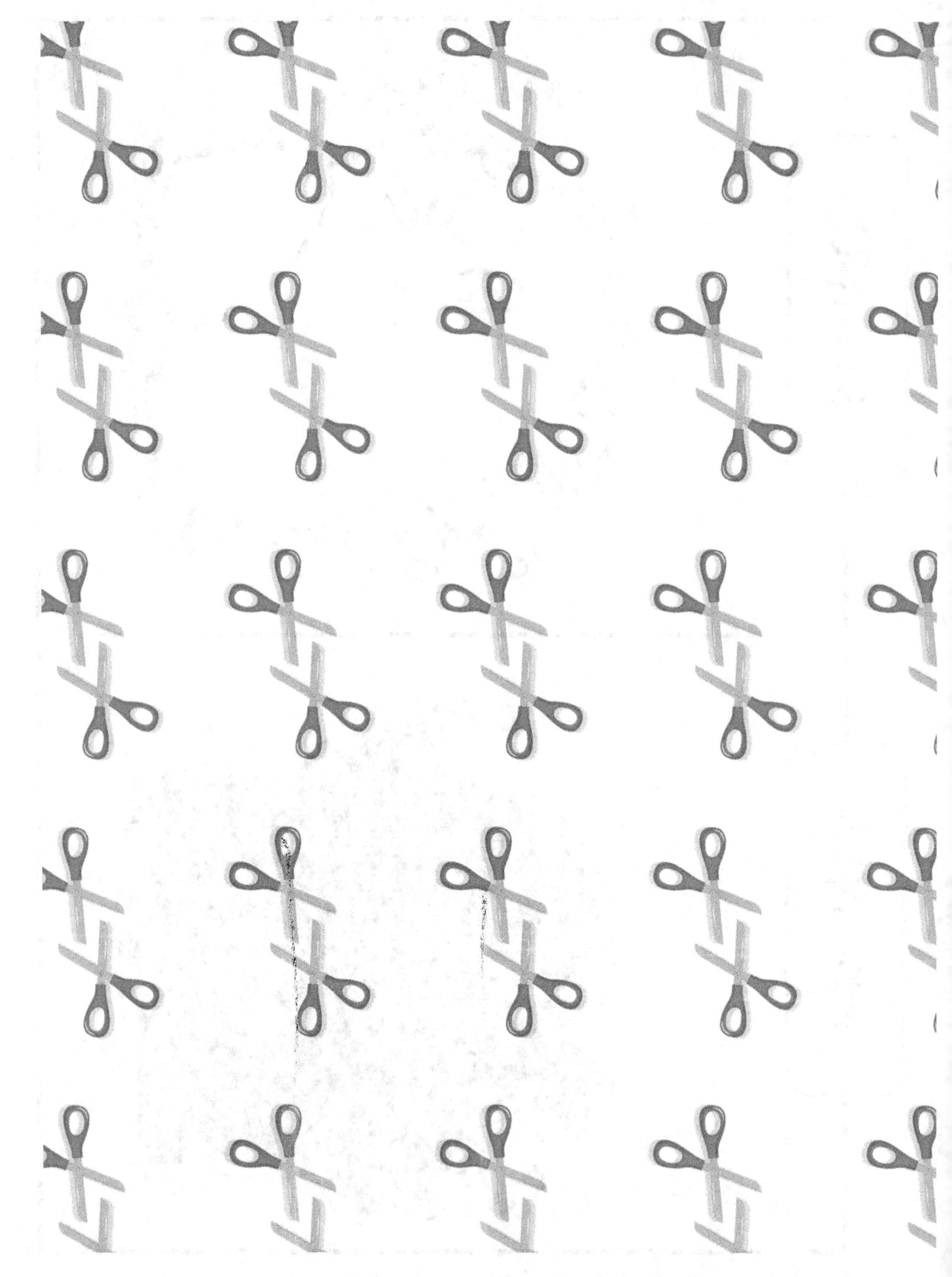

Schnitt

Einfügen

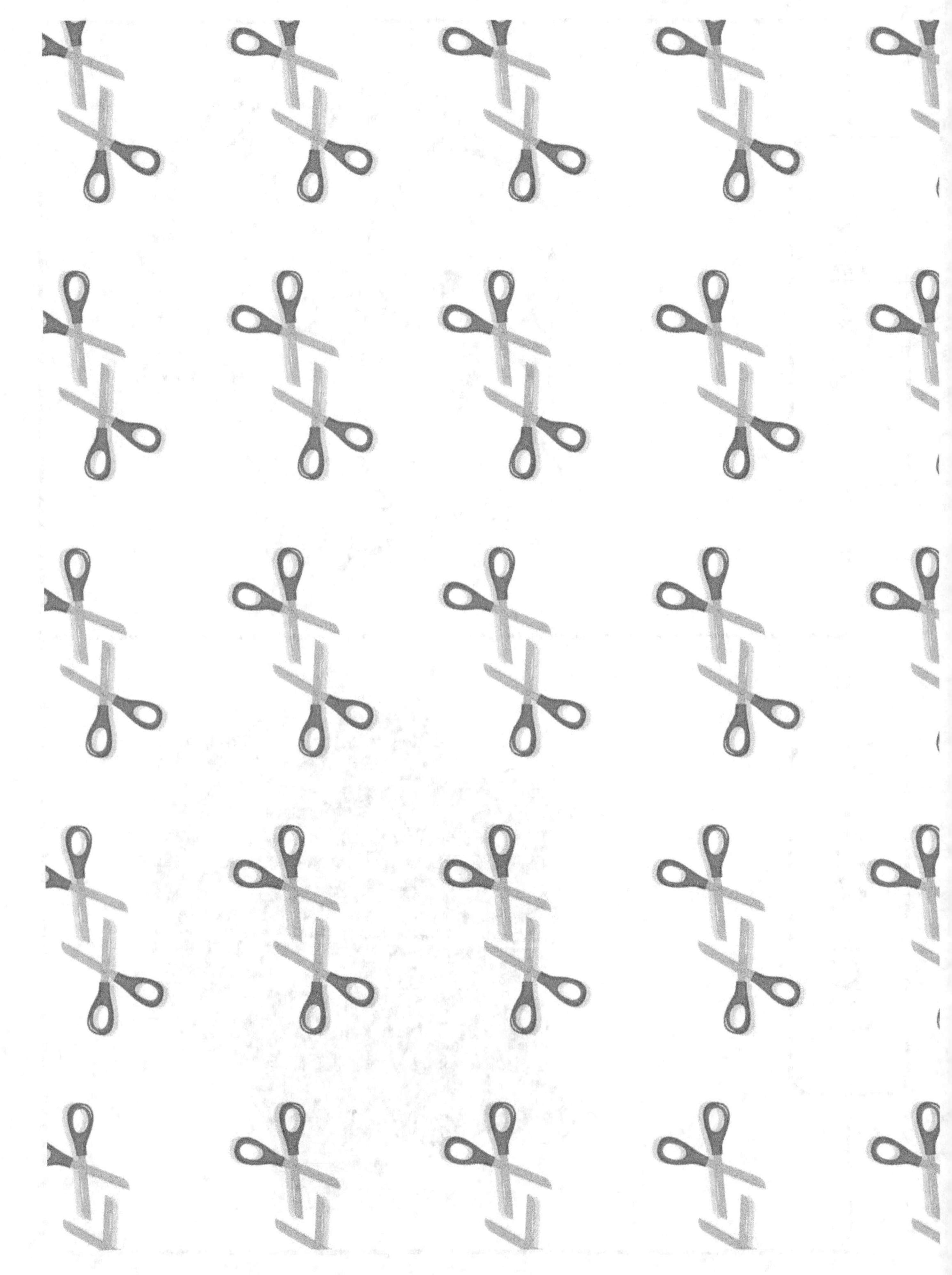

Einfügen

Schnitt

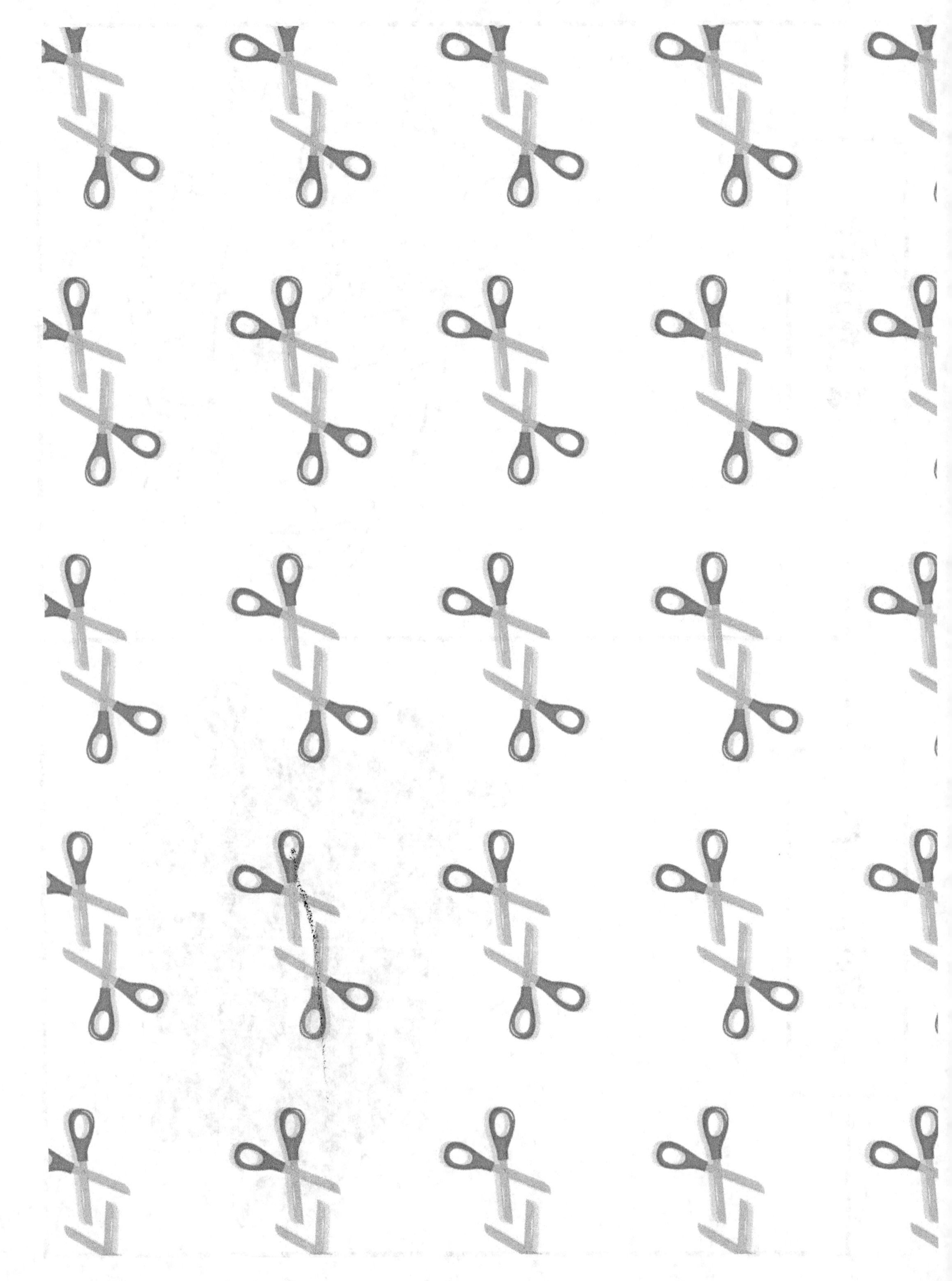

Schnitt

Einfügen

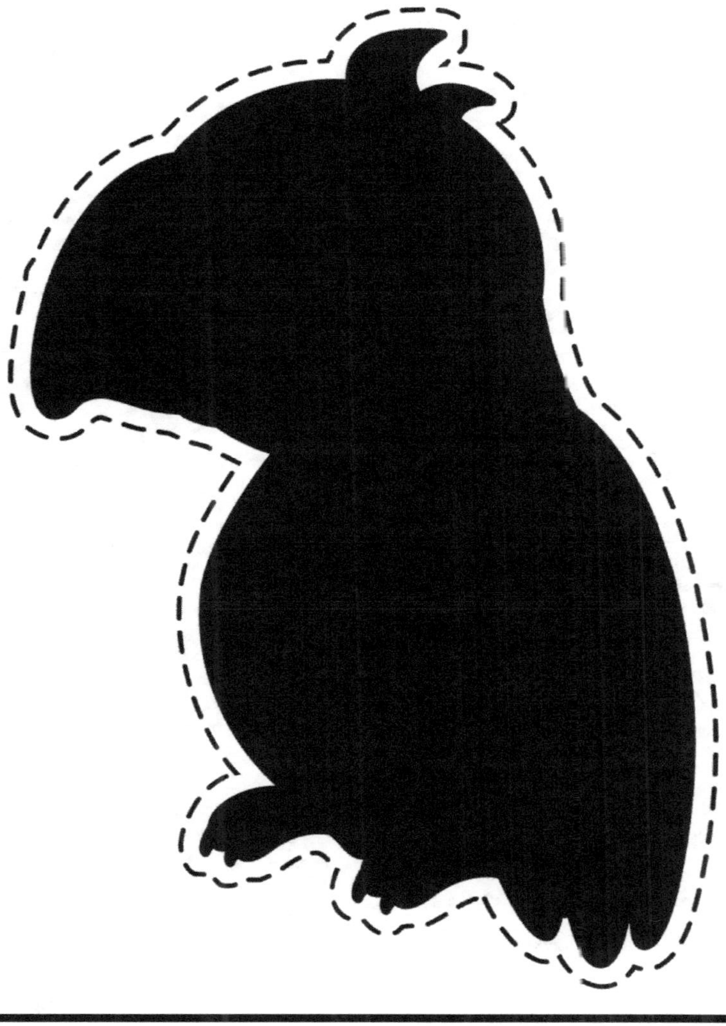

Schnitt

Einfütt

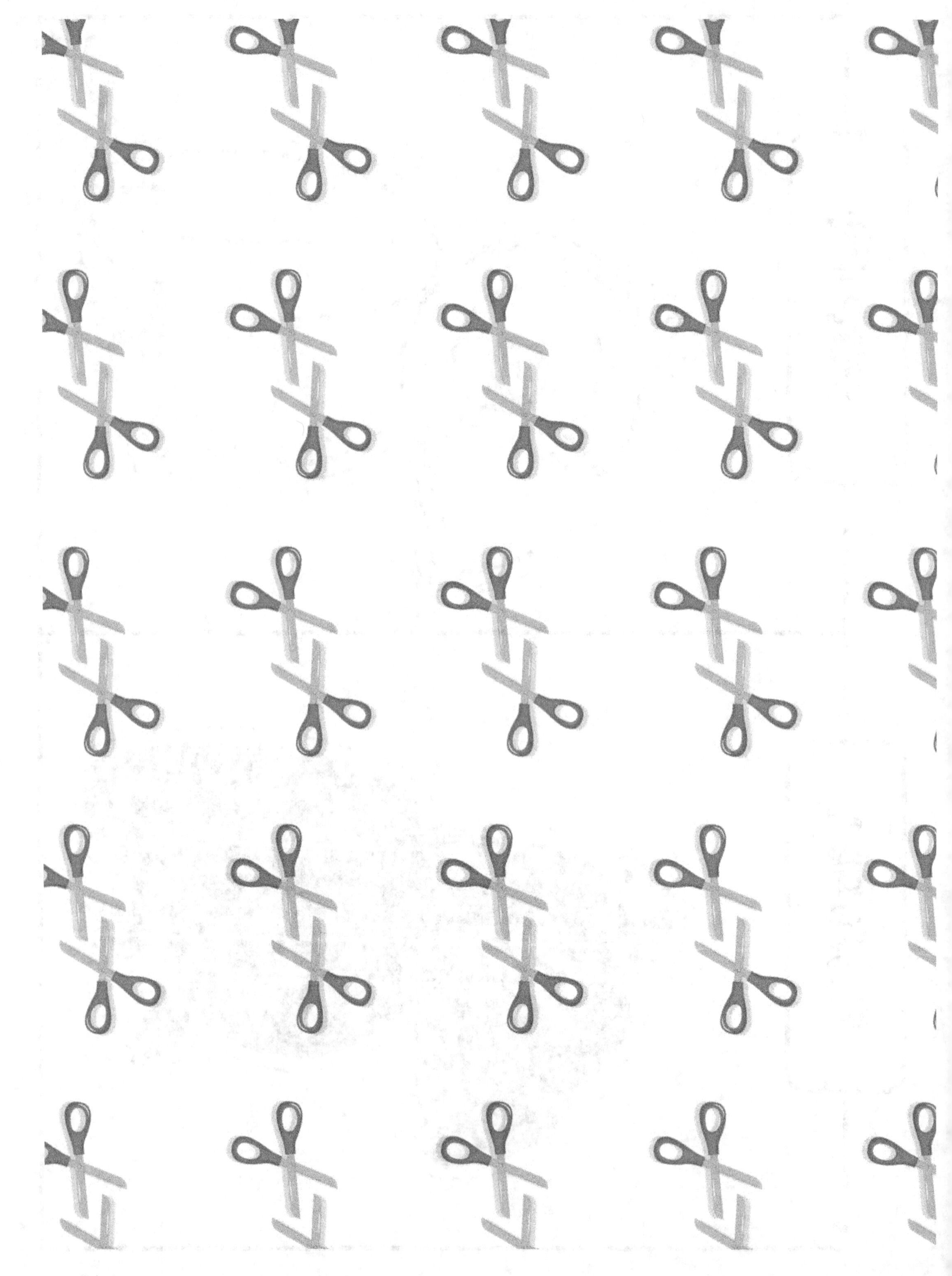

Schnitt

Einfügen

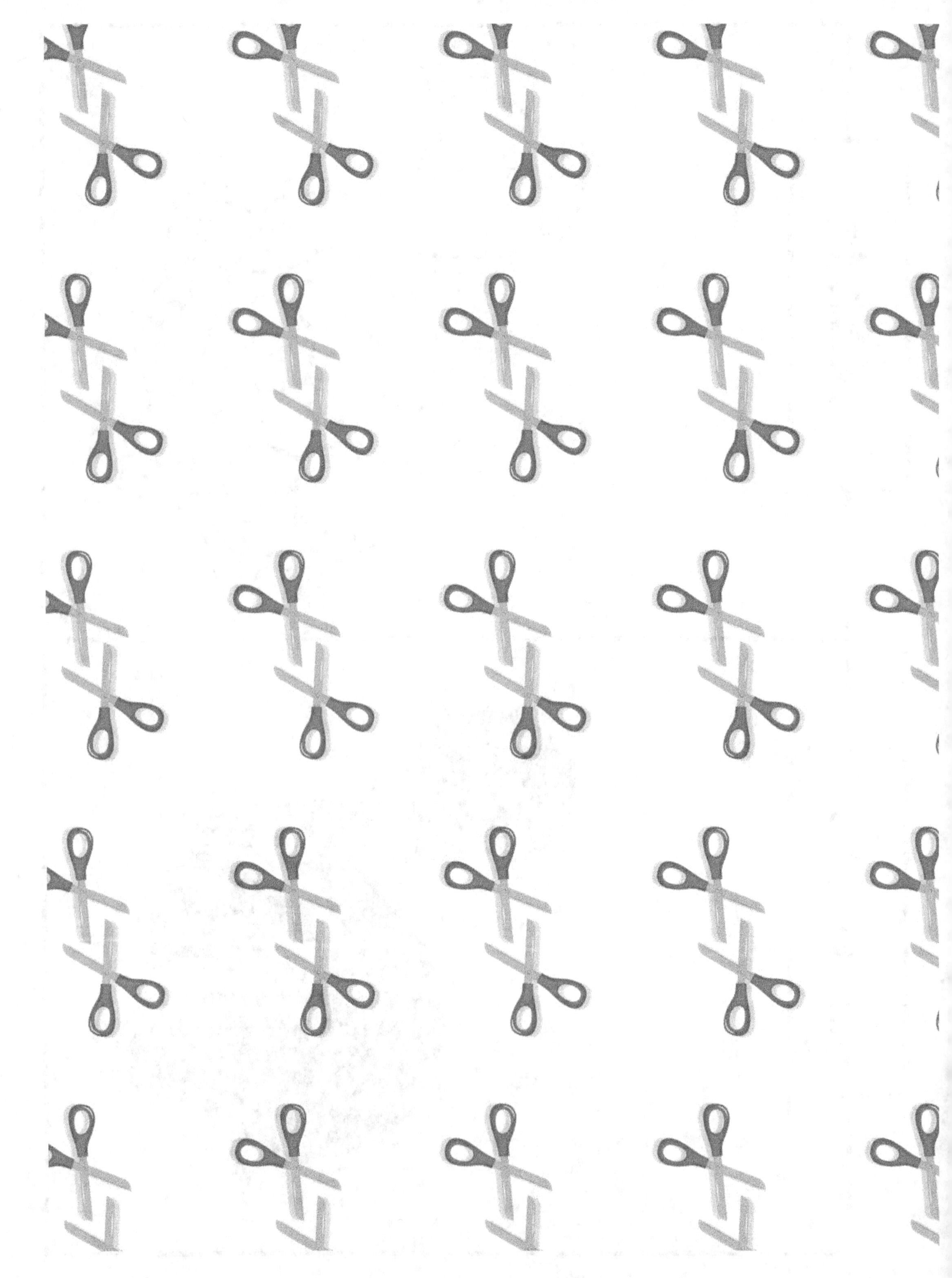

Schnitt

Einfügen

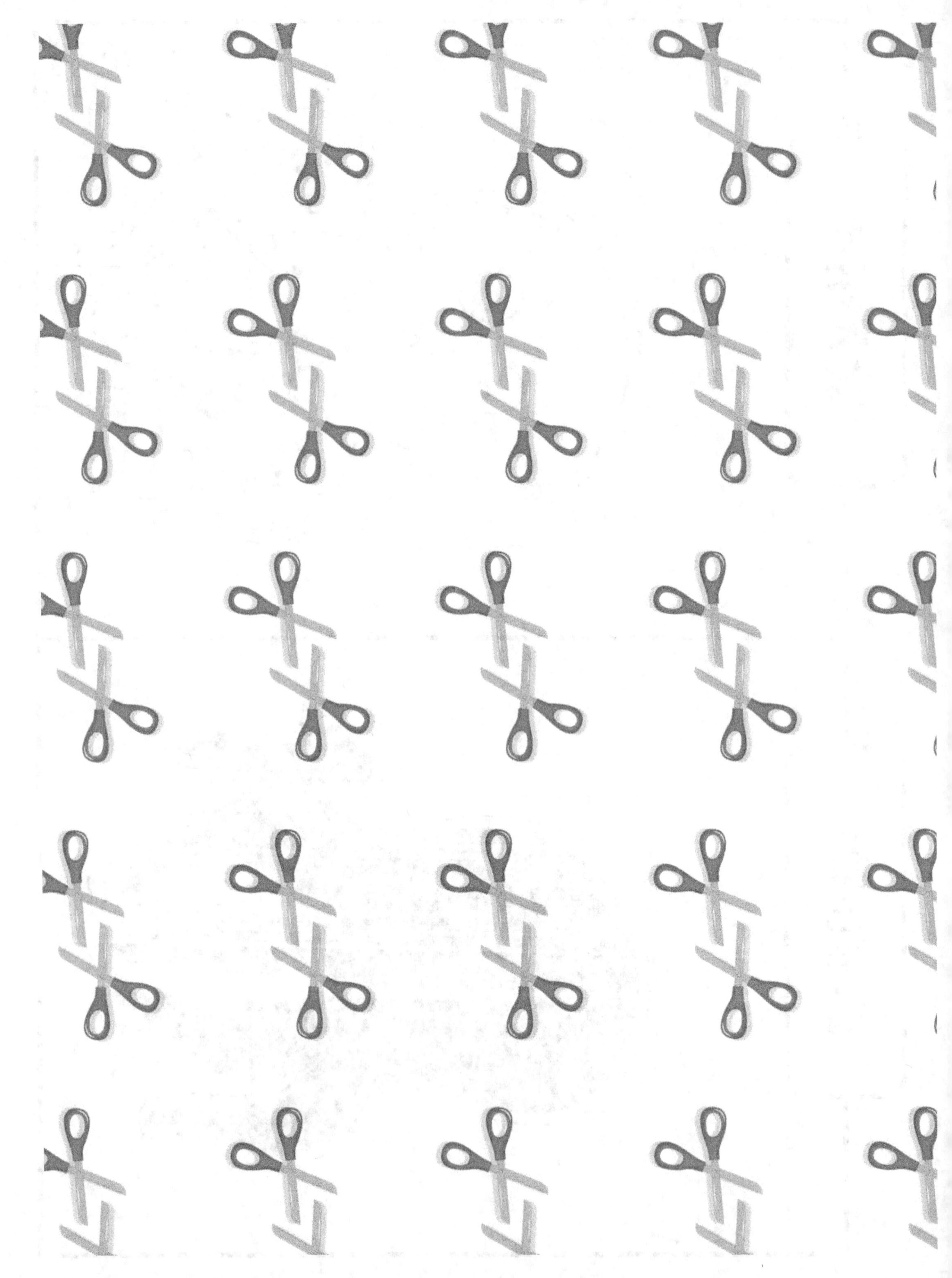

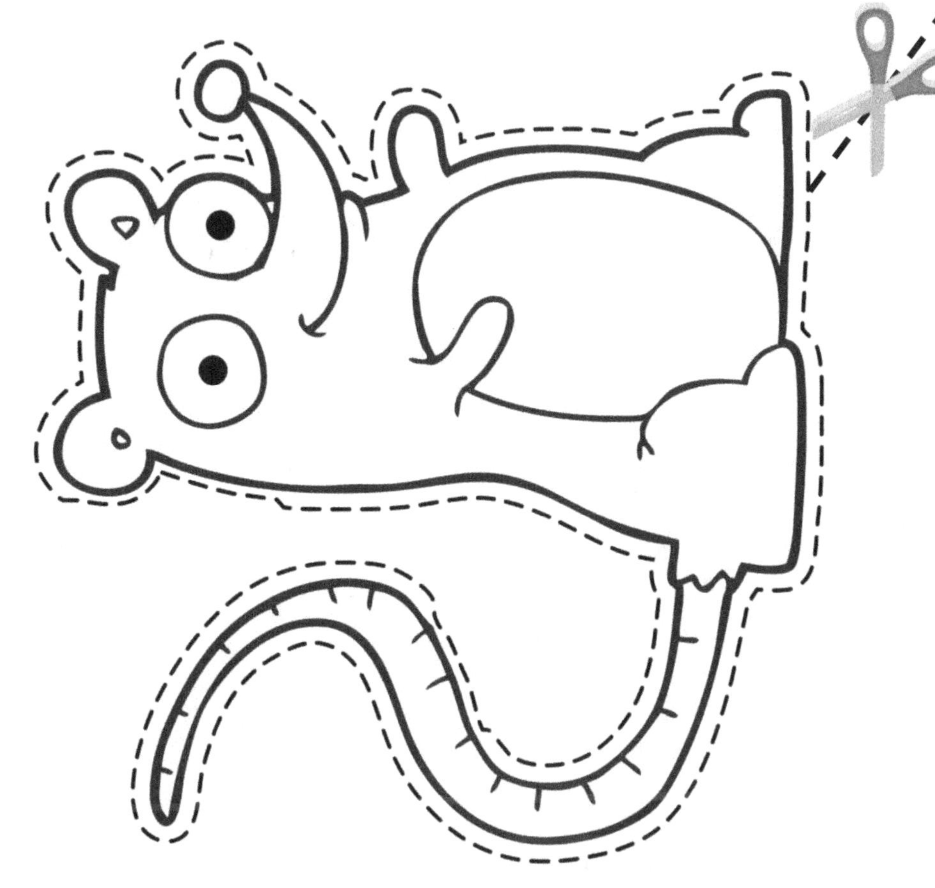
Schnitt

Einfügen

Schnitt

Einfügen

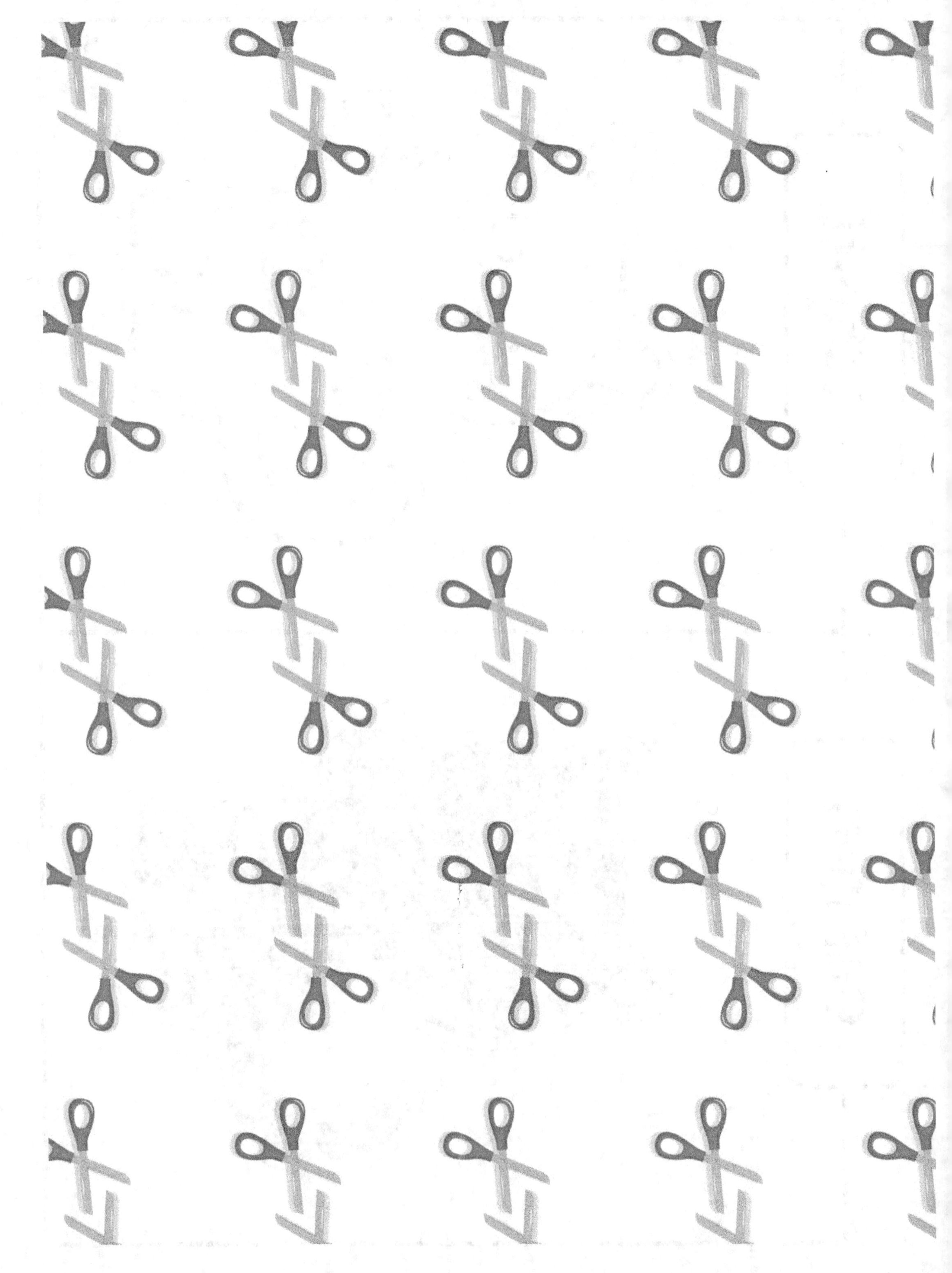

Schnitt

Einfügen

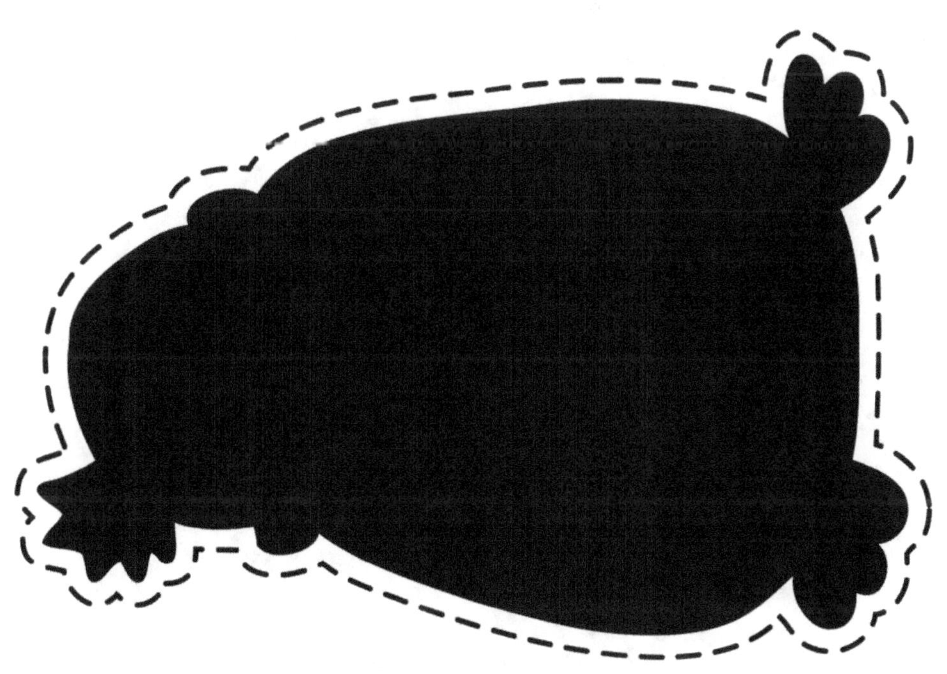

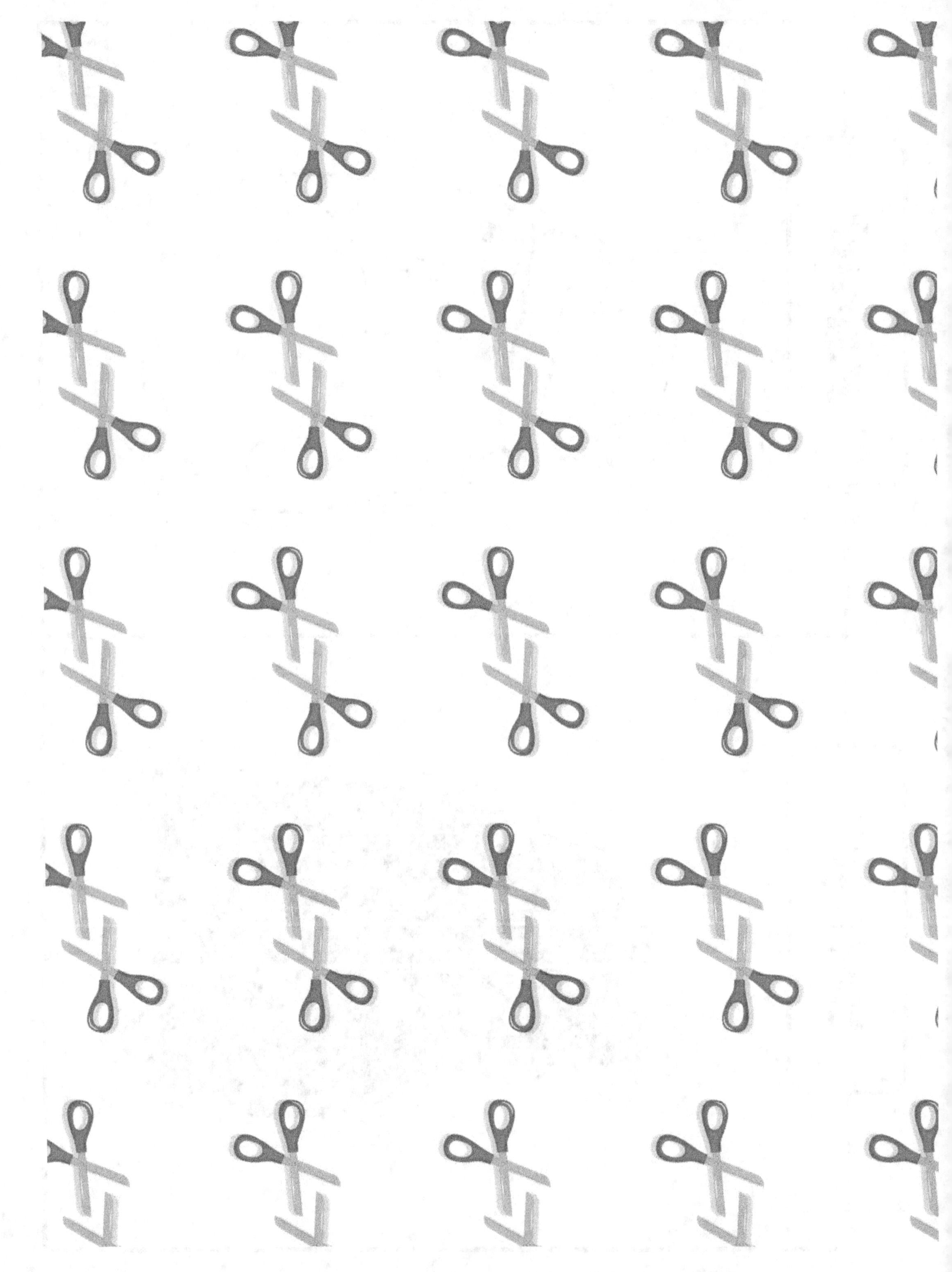